Gérard Vindt

Histoire des révoltes populaires en France

XIIIe-XXIe siècle

La Découverte

En mémoire de Philippe Frémeaux.

Remerciements à Claire Lemercier pour ses relectures attentives et ses critiques.

Composé par Facompo à Lisieux
Dépôt légal : avril 2021

Si vous désirez être tenu régulièrement informé des parutions de la collection « Repères », il vous suffit de vous abonner gratuitement à notre lettre d'information mensuelle par courriel, à partir de notre site **www.collectionreperes.com**, où vous retrouverez l'ensemble de notre catalogue.

ISBN : 978-2-348-05893-6

L'éditeur de cet ouvrage s'engage dans une démarche de certification FSC® qui contribue à la préservation des forêts pour les générations futures.

À Florent et Marie-Claude

Introduction / Du coq rouge aux Gilets jaunes

L'histoire peut-elle aider à comprendre les révoltes d'aujourd'hui, à se positionner, éventuellement à agir ? Le « coq rouge », image renvoyant aux incendies des châteaux lors de la Grande Jacquerie de 1358, éclaire-t-il de quelque lueur le mouvement des Gilets jaunes (2018-2019) ?

La tentation est forte d'inscrire ce mouvement dans une culture nationale de la révolte. En France, nous sommes d'autant plus enclins à lire le présent de tels mouvements « à la lumière de l'histoire » [Noiriel, 2019]* que l'attitude rébellionnaire constitue « un mode qui a fait du heurt et de la rupture le principe de changement dans l'espace français » selon l'historien Jean Nicolas [2002].

Les médias se sont inscrits dans cette perspective lors de la révolte des Gilets jaunes et ont sollicité nombre d'historiens. Danielle Tartakowsky, spécialiste de l'histoire des manifestations, expliquait, à chaud, le 29 novembre 2018, dans une interview aux *Inrocks* : on assiste à « un retour de révoltes qui ne s'inscrivent plus dans les formes classiques de la manifestation », « on peut toujours trouver des héritages, des appropriations de mouvements antérieurs. Mais indéniablement, même si on combine la totalité des emprunts multiples et divers, il [le mouvement des Gilets jaunes] est inédit ».

Inédit, le mouvement des Gilets jaunes, mais pas sans rappel volontaire du passé révolutionnaire du pays. Ce faisant, les révoltés voient le passé comme modèle à imiter ou s'en emparent pour légitimer leur action en l'inscrivant dans une

* Les références entre crochets renvoient à la bibliographie en fin d'ouvrage.

tradition. Mais, dans une approche tout aussi militante, chacun pourrait faire référence au passé non pour l'imiter, mais pour le continuer, pour aller au bout de révoltes par nature inachevées [Riot-Sarcey et Moatti, 2018].

Pour choisir son mode de référence au passé, autant bien le connaître. Tentons donc de tracer les évolutions de ces révoltes sur le temps long, acceptons le jeu des similitudes, des différences, des interruptions et des continuités, des impasses et du possible qui se dévoilent en évitant, autant que faire se peut, les anachronismes.

Quelles « révoltes » ?

Avant toutes choses, de quoi parle-t-on ? Selon Vincent Challet [2019b], le mot « révolte » n'apparaît en français pour la première fois au sens d'« action de se révolter contre l'autorité établie » qu'en 1501 sous la plume de Jean d'Auton, auteur des *Chroniques de Louis XII.* Mais le mot reste rare : les sources des époques médiévale et moderne, telles que les chroniques de lettrés ou les rapports administratifs ou de police, utilisent divers termes : « Christine de Pizan et le récit anonyme du Bourgeois de Paris emploient le mot "fureur" pour désigner les révoltes parisiennes de 1413 (Cabochiens) et de 1418. Les textes peuvent parler de conjuration, d'alliances ou de complots, mettant l'accent sur le serment et les contrats qui unissent les insurgés, ainsi que sur le caractère secret et inquiétant de la préparation. L'emploi des termes "rébellion" ou "sédition" met l'accent sur l'infraction politique que commettent les insurgés par rapport aux pouvoirs établis et, du même coup, sur sa condamnation. Il est significatif que ces expressions politiques apparaissent surtout aux deux derniers siècles du Moyen Âge, au moment où les pouvoirs étatiques s'affirment et où, sous l'influence du droit romain, se met en place le crime de lèse-majesté » [Gauvart, 2004].

Jean Nicolas [2002], qui étudie plus de 8 000 « rébellions » de l'époque moderne, établit lui aussi une hiérarchie dans les termes employés : les « archives du désordre » que son équipe a consultées parlent, au niveau « infra-rébellionnaire », de « rumeur, bruit, murmure » ; quand les bruits enflent et inquiètent davantage les autorités, celles-ci parlent de « sensation, alarme, confusion, fermentation, effervescence, agitation, mouvement, esmouvance » ; encore plus inquiétants mais pas encore délictueux sont les « trouble, tumulte, désordre, tapage, bacchanale, carillon, mutinerie » : alors « les mots se transforment en cris et la violence affleure ». Au-delà éclatent des « rébellions », des « séditions », des « révoltes » » mettant en cause l'autorité royale et l'ordre public. Nombreux sont les rapports qui cherchent à établir cette hiérarchie. Mais le vocabulaire reste flou, nous dit Jean Nicolas, le même épisode pouvant être présenté « sous la couleur de la révolte ou de la sédition » ou « en termes de murmures ou de simples désordres ».

Le vocabulaire juridique de l'Ancien Régime est plus précis qui parle de « rébellion à justice », d'« attroupement », d'« assemblée illicite » pour les actes délictueux. La « rébellion à justice » caractérise un refus d'exécuter un ordre, l'opposition à une saisie, une arrestation, etc. La révolte se rapprocherait ainsi de la sédition mettant en cause le pouvoir, ne serait-ce que par le refus d'une mesure fiscale ou de répartition des grains.

Tentant une « typologie des troubles sociaux en Europe (1760-1802) », Guy Lemarchand [2005a] ajoute à la nature de l'événement une précision de durée et de lieu : l'émeute, action locale, généralement violente, est immédiate et concrète (détruire des biens, chasser des individus, etc.), limitée dans le temps (au maximum quelques jours) ; la révolte est plus large, plus durable, plus violente, entraînant à la campagne plusieurs villages, voire un « pays », avec un objectif plus ambitieux : supprimer un impôt, assurer un approvisionnement régulier en grains, etc. Mais l'imprécision demeure : la « guerre des farines » de 1775 est une suite d'émeutes restreintes mais nombreuses qui finissent par mettre en cause une politique d'État de la circulation des grains.

Les libéraux du XVIIIe siècle comme ceux d'aujourd'hui voient dans la révolte une réponse immédiate, excessive, brutale face à une crise, mais qui ne débouche sur aucune remise en cause structurelle [Cohen et Guilhaumou, 2010]. En fait, les frontières sont poreuses entre, en amont, l'émeute et, en aval, la sédition, l'insurrection, voire la révolution.

Révoltes et mouvements sociaux

Pour la période contemporaine où les conflits sociaux tendent à être plus policés, moins violents, « civilisés » pour reprendre l'analyse de Norbert Elias [1939], plus encadrés à la fois par la loi, les autorités et les organisations que se donnent les classes populaires, la révolte s'insère-t-elle dans ce qu'il est coutume d'appeler les « mouvements sociaux » avec, là encore, des définitions fluctuantes ? Tout comme Jean Nicolas ratissait large dans son ouvrage sur les rébellions à l'époque moderne, les historiens Michel Pigenet et Danielle Tartakowsky [2012], dans l'ouvrage collectif qu'ils ont dirigé sur les mouvements sociaux en France depuis 1814, spécifient que « les mouvements sociaux dont il est question ici englobent toutes les interventions collectives destinées à transformer les conditions d'existence de leurs acteurs, à contester les hiérarchies ou les relations sociales, et à générer, pour cela, des identités collectives et des sentiments d'appartenance. Les contributions traitent donc aussi bien de révolutions, de rébellions et d'émeutes que de grèves, de campagnes électorales, de pétitions, d'ouvriers et de paysans, de jeunes, de catholiques, de minorités sexuelles... L'acception retenue [...] se confond avec celle des mobilisations collectives, guère davantage conceptualisée par les historiens dont les recherches restent marquées au coin d'un empirisme méthodologique, à cent lieues des modèles chers aux sociologues et aux politistes ».

En fait, les « sociologues » et « politistes » ont des définitions variées et pas toujours précises. Ainsi, pour Erik Neveu [2019], qui décortique la sociologie des mouvements sociaux et les différentes théories qui s'y rapportent, « les formes d'action collective concertée en faveur d'une cause seront désormais désignées par "mouvements sociaux" ». Lilian Mathieu [2004] souligne, sans les soutenir pleinement, que « de nombreuses définitions des mouvements sociaux associent également, selon des combinaisons variables, ces différents traits constitutifs que seraient une dimension perturbatrice, une exclusion du jeu politique "légitime" ou "institutionnel" et un recours privilégié au sein des couches sociales "dominées" ». Ces « nombreuses définitions » se rapprocheraient de la définition adoptée ici de la révolte à l'époque contemporaine par opposition à des mouvements sociaux institutionnalisés, tels que les définit quant à lui l'historien du politique Pierre Rosanvallon [2019]. Pour lui, « la mobilisation des Gilets jaunes constitue une révolte sociale, mais ce n'est pas un mouvement social à proprement parler, avec ce que cela a historiquement impliqué en termes de conduite organisée de l'action ou de polarisation des objectifs. Or toute l'histoire sociale est constituée par la question du passage des révoltes aux mouvements sociaux. [...] Le propre d'une révolte, c'est d'avoir comme sujet une foule. Elle a structurellement un caractère inorganique. Le propre du mouvement social, c'est d'avoir comme sujet une classe sociale ou un groupe organisé autour d'un projet ».

Cette distinction entre révolte et mouvement social s'appuie sur la période des mouvements de la classe ouvrière organisée et politisée qui a conquis en un peu plus d'un siècle et demi de nombreux droits permettant le « passage des révoltes aux mouvements sociaux ». Une telle définition est discutable, dans la mesure où, avant et bien plus après 1968, nombre de mouvements ouvriers — et d'autres groupes sociaux — sortent des pavés battus par les manifestations République-Bastille-Nation. Mais elle a le mérite de distinguer deux natures de mouvements et d'ébaucher ce que l'on peut entendre par révolte aujourd'hui, même si l'opposition entre la « foule » des révoltés et les classes sociales et groupes organisés dans un mouvement social est peu convaincante, le terme « foule » ayant été utilisé dans le passé « pour discréditer les luttes populaires » [Noiriel, 2019].

Quant aux « nouveaux mouvements sociaux » (NMS), qui se distinguent aussi, par définition, du modèle des mêmes anciens mouvements sociaux construits par la classe ouvrière organisée, peuvent-ils être considérés comme des révoltes ? Ils sont définis en France dans les années 1970 par le sociologue Alain Touraine et son équipe [1978 ; 1980 ; 1981] qui cherchent un nouveau modèle central de contestation de la société postindustrielle capable de se substituer au mouvement ouvrier. Cette recherche met en lumière une multitude de mouvements centrés sur des objectifs précis tels que les a inventoriés le chercheur italien Alberto Melucci [1989] : mouvements féministes, écologistes, anticonsuméristes, régionalistes, mouvements étudiants, contre-culture jeune, mouvements anti-institutionnels, luttes ouvrières d'immigrés ou de jeunes, qui pratiquent des formes d'organisation et d'action directe, une recherche d'autonomie par rapport aux institutions et à l'État et structurent de nouvelles identités de groupe plutôt que des identités de classe sociale [Neveu, 2019 ; Mathieu, 2004]. La nouveauté même de ces mouvements est aujourd'hui très contestée et plus encore leur éventuelle substitution aux mouvements à objectifs matériels (revenus, chômage, précarité de l'emploi, niveau de vie) qui restent largement majoritaires [Fillieule, 1997].

On pourrait dire à peu près la même chose des « nouveaux nouveaux mouvements sociaux » [Neveu, 2019] qui émergent dans les années 2000, tels les mouvements des « sans » (-papiers, -logement, -emploi), les mobilisations altermondialistes et bien des initiatives de terrain pour vivre autrement.

Reste que deux aspects de ces « nouveaux mouvements » retiennent ici l'attention : beaucoup émergent d'une profonde révolte contre les dégâts de la société néolibérale, viennent perturber son fonctionnement en dehors des chemins protestataires institutionnalisés et proposent des alternatives. Leur forme, leur longévité font cependant débat pour les caractériser comme des révoltes car beaucoup s'inscrivent dans la longue durée, en années et en décennies tant leurs combats touchent des problèmes profonds. Leur caractère populaire fait aussi débat.

« Populaires » ?

Les militants de ces mouvements sont la plupart issus de la classe moyenne cultivée, de ceux que Lilian Mathieu nomme « les dominants parmi les dominés » qui ne font pas partie des élites et sont en rupture avec elles, et sont pour une partie d'entre eux précarisés. C'est moins la sociologie de ces militants qui limite le caractère populaire de certaines de ces révoltes que le fait que les classes populaires dominées économiquement et culturellement ne forment pas le gros des troupes. Pas question cependant d'ignorer ici beaucoup de ces mouvements sous prétexte que le label « populaire » reste discutable.

Mais l'essentiel des mouvements que nous évoquons sont ceux qui mobilisent majoritairement des « gens du commun » qui travaillent à la campagne comme à la ville, compagnons, ouvriers, paysans, employés, artisans, classes moyennes aux revenus modestes, salariées ou indépendantes, travailleurs aux statuts précaires : autant de « subalternes », de « dominés » comme les désignent les auteurs des histoires populaires de la France [*Revue d'histoire moderne et contemporaine*, 2020]. Dans les dernières décennies, le spectre des classes dominées ou qui se ressentent comme telles s'est élargi au rythme de la prolétarisation et de la précarisation de bien des salariés et indépendants. Ces classes dominées constituent un peuple qui se définit aujourd'hui non seulement par les rapports économiques mais aussi par son rapport au politique.

XIIIe-XXIe siècle : au fil de la construction de l'État et d'une société structurée par le capitalisme

Cette histoire des révoltes populaires débute aux XIIIe-XIVe siècles : la Grande Jacquerie de 1378 n'est pas la toute première révolte dont il est question ici, mais constitue une borne majeure, contemporaine de la guerre de Cent Ans, de l'insécurité grandissante dans une monarchie qui peine à s'imposer : la question des pouvoirs locaux et du pouvoir central est déjà posée. Au fil de cette histoire, les révoltes qui se lèvent, la plupart du temps contre des pouvoirs locaux d'abord, s'en prennent de plus en plus à ceux qui, d'une manière ou d'une autre, représentent localement le pouvoir central. Cette centralité du pouvoir s'affirmant au fil des siècles, les révoltes prennent une ampleur de plus en plus nationale, surtout à partir du milieu du XIXe siècle [Tilly, 1986]. Et quand elles attaquent les autorités locales, seigneurs, notables urbains, marchands-fabricants hier, patrons d'entreprises industrielles depuis le XIXe siècle, elles rencontrent souvent sur leur chemin les forces de répression du pouvoir central chargées de la défense de l'ordre politique, mais aussi social et économique, structuré d'abord par le capitalisme marchand puis par le capitalisme industriel et financier. Suivons ce fil rouge.

Le chapitre I décrit « contre qui » se lèvent les révoltes, permettant ainsi de périodiser à grands traits notre histoire liée aux autorités auxquelles elles s'opposent, tant cette histoire populaire se définit comme celle des relations de pouvoir [Noiriel, 2020]. Beaucoup de faits énumérés ici pour construire cette chronologie seront réexaminés dans les parties suivantes.

Le chapitre II, se demandant « contre (et pour) quoi » se lèvent les révoltes populaires, veut souligner autant les continuités (par exemple, la protection que l'on attend de l'autorité) que les termes différents dans lesquels elles se posent à travers le temps. Plus que les faits eux-mêmes, c'est leur aggravation, l'injustice nouvelle ressentie, le mépris qu'elle suppose qui suscitent des révoltes.

Qui sont les révoltés ? Le chapitre III montre que ce ne sont pas les plus opprimés, les plus pauvres, les damnés de la terre et les forçats de la faim qui sont les initiateurs des révoltes, même s'ils y participent souvent. Le peuple révolté, même très modeste, a des moyens que les plus misérables n'ont pas et a quelque chose à perdre, matériellement ou culturellement.

Encadré 1. Aperçu historiographique

Les années 1960-1970 ont donné des livres majeurs [Mousnier, 1967 ; Mollat et Wolff, 1970 ; Porchnev, 1948 ; Bercé, 1974 ; Foisil 1970] inscrivant les révoltes populaires dans l'histoire des luttes des classes en France ou, *a contrario*, dans celle des communautés locales face au pouvoir central. Par la suite, de nouvelles recherches ont pris corps, stimulées par les apports d'historiens anglais et états-uniens (Eric Hobsbawm, Edward P. Thompson, Charles Tilly, Howard Zinn, Samuel S. Cohn) et par la célébration du bicentenaire de la Révolution. Parallèlement, les apports de Norbert Élias, de Pierre Bourdieu ou de Michel Foucault et le développement de la sociologie des mouvements sociaux ont nourri la réflexion des historiens.

Ce nouvel élan s'inscrit dans les fluctuations de larges courants historiographiques : renouvellement de l'histoire sociale, renouveau de l'histoire coloniale, essor de l'histoire culturelle, de l'histoire du genre, retour en force de l'histoire politique, nouvelle jeunesse de l'événement comme facteur de changement, lien entre histoire et mémoire. Il prend aussi place dans l'affaissement du courant communiste en France, dans celui du mouvement ouvrier et dans le développement de mouvements sociaux diversifiés animés par de nouvelles organisations qui ne défendent pas des intérêts de classe.

Témoin de ce nouvel intérêt, la question d'histoire moderne aux concours d'enseignement en 2005-2006 : « Révoltes et Révolutions en Europe (Russie comprise) et aux Amériques, 1773-1802 » (qui a été l'occasion pour Claude Mazauric [2005] de souligner les « enjeux historiographiques ») ; et les mêmes concours en 2019-2020 avaient au programme « État, pouvoirs et contestations dans les monarchies française et britannique et dans leurs colonies américaines (vers 1640-vers 1780) ». Quant aux « Rendez-vous de l'histoire » de Blois, leur édition 2014 avait pour thème « Les rebelles ».

Que les historiens s'intéressent aux contestations non seulement en France mais aussi dans différents pays d'Europe n'est pas nouveau. Ce qui l'est davantage, concernant plus précisément les révoltes violentes, qu'elles soient rurales ou urbaines, c'est qu'elles ne sont plus lues comme des réponses impulsives à des mesures injustes, à la disette, à la misère ; qu'il n'y a plus un jugement sous-jacent du caractère rétrograde et antimoderne de nombre de mobilisations populaires ; ou à l'inverse qu'elles ne sont plus analysées comme des jalons de l'histoire de la lutte des classes ou des signes précurseurs de la révolution à venir.

Les révoltes sont désormais davantage étudiées comme des modes d'expression et de règlement des conflits dans une société donnée. Le médiéviste Vincent Challet [2019b], dans une contribution intitulée « Dialogue ou contestation ? La rébellion comme langage et culture politique en Europe à la fin du Moyen Âge », reconsidère ainsi « la fonction de la rébellion en même temps que sa finalité : elle constitue un mode accepté, structurel de communication politique entre populaires et élites et joue, *mutatis mutandis*, le rôle dévolu aux manifestations dans nos sociétés démocratiques ». La dimension politique des révoltes médiévales est aussi soulignée par Samuel K. Cohn [2006] qui y voit exprimée une « soif de liberté ».

Deux notions sont particulièrement utilisées dans les analyses des révoltes :

— celle, venue de E. P. Thompson [1971], d'« économie morale de la foule », qui inscrit ses attentes dans une culture, des traditions, un respect des modes de vie et de certaines règles sociales de la part des gouvernants. Sont étudiés par exemple sous cet angle les bris de machines à l'aube de l'ère industrielle, la défense des biens communaux dans le monde rural ou les révoltes frumentaires des temps modernes jusqu'au milieu du XIXe siècle qui s'en prennent de fait à l'économie libérale prônant la libre circulation des grains ;

— celle de « répertoire d'action », qui permet de comprendre les modalités de la révolte dans les rapports qu'entretiennent les révoltés avec les autorités et l'ensemble de la société. La barricade [Traugott, 2010 ; Corbin et Mayeur, 1997], les manifestations [Tartakowsky, 1997 ; 2011 ; 2014] deviennent objets d'histoire. La violence est particulièrement interrogée dans sa signification, ses excès et ses bornes : elle a ses règles et vise à faire valoir des droits ; c'est une des modalités de l'action. Mais toutes les expressions culturelles des révoltés font aussi sens : ainsi le programme « Culture des révoltes et des révolutions » piloté par Alain Hugon, qui étudie les mises en scène, récits, images, imprimés, chants, etc. des révoltés dans les temps modernes. La mémoire des révoltes influe sur le répertoire culturel de révoltes ultérieures [Herrero Sanchez *et al.*, 2018]. Quentin Deluermoz [2020] détaille l'histoire de la Commune et son impact national et international dans les années qui suivent l'insurrection parisienne.

Les recherchent s'attachent aussi à étudier plus précisément contre qui et contre quoi se lèvent les révoltés. L'État et ses représentants sont en ligne de mire, en particulier autour de ce que les révoltés ressentent comme des injustices ou des abus fiscaux : en 2010 se tient à l'EHESS un colloque international sur les révoltes fiscales à l'époque contemporaine, révoltes qui s'appuient sur le sentiment d'injustice. Les révoltes frumentaires font aussi l'objet d'études approfondies [Bourguinat, 2002].

Les réactions des autorités, qui conditionnent pour une large part le répertoire des révoltés, font l'objet de recherches, en particulier concernant les forces de répression, leur nature, leur usage.

Qui, dans les classes populaires, se révolte ? Une histoire des acteurs selon leur catégorie sociale, leur genre, leur âge prend une nouvelle place. Les révoltes ouvrières, au cœur des études sur l'époque contemporaine, sont réexaminées (voir par exemple les travaux de Xavier Vigna [2007] sur l'« insubordination » ouvrière).

Il ressort de ce foisonnement des lignes de force, enrichies par des comparaisons avec d'autres pays (en particulier Angleterre, Espagne, Italie, États-Unis) lors de nombreux colloques internationaux où les révoltes sont étudiées en lien avec la structuration du pouvoir politique et les transformations économiques, sociales et culturelles. Dans les récentes histoires populaires de la France tentées hardiment par Michèle Zancarini-Fournel [2016] et Gérard Noiriel [2018a], les luttes sociales jouent un rôle central. Et la *Revue d'histoire moderne et contemporaine* consacre en 2020 un dossier questionnant comment « faire une "Histoire populaire" ».

Comment ce peuple se révolte-t-il ? Le chapitre IV pose la question du répertoire d'actions et en particulier celle de l'exercice de la violence qui est au cœur des interprétations. L'examen des moyens de transport et de communication est essentiel pour comprendre les dynamiques : elles ne peuvent être les mêmes aujourd'hui qu'aux temps de la transmission orale et de la marche à pied.

Le chapitre V examine comment les autorités et la société réagissent face à la révolte. De quels soutiens bénéficie celle-ci, à quelle répression est-elle confrontée, quelles sont les représentations que les uns et les autres se font de la révolte ? Voilà qui est déterminant pour les révoltés, que l'on soit un Nu-pieds de Normandie au XVIIe siècle ou un jeune d'un quartier populaire aujourd'hui.

La conclusion vise à confronter quelques grandes révoltes majeures d'aujourd'hui et d'hier.

Quelques échappées au fil des chapitres vers les révoltes anglaises, germaniques, italiennes, flamandes soulignent des similitudes, sinon des connexions internationales, et ce dès la fin du Moyen Âge. On s'en contentera ici : s'attaquer aux révoltes populaires à l'échelle européenne, sur huit cents ans, c'est une autre histoire, tentée partiellement par quelques auteurs [Cattacin *et al.*, 1997] ; on se heurterait de plus à ce que Jean Nicolas [2002] — qui a contribué à un travail sur les résistances communautaires à l'époque moderne en Europe — relie aux « difficultés du comparatisme » : « Les analogies formelles s'inscrivent dans une logique de développements autonomes, largement soumis au poids du passé local et aux sommations des ensembles étatiques en devenir. » Ce qui n'empêche pas de lire en filigrane des six cents pages de sa *Rébellion française* comme, plus modestement, de ce survol, une originalité française par rapport à d'autres pays, liée à la construction précoce d'un État centralisé et aux modalités des transformations sociales et économiques dans ce pays.

I / Contre qui ? Huit cents ans de révoltes contre l'autorité

Si chaque période peut être caractérisée par les cibles des révoltes, celles-ci s'en prennent généralement d'abord à des autorités de proximité, qu'elles soient localement considérées comme directement responsables ou bien qu'elles représentent une autorité lointaine.

XIIIe-XVe siècle : « haro sur le seigneur », mais pas seulement

Des révoltes urbaines et des révoltes rurales éclatent dans une société féodale ébranlée. Évoquées ici séparément, ces révoltes touchent souvent à la fois la ville et la campagne environnante.

D'abord, des révoltes urbaines contre le seigneur des lieux et le patriciat communal

Si les villes font partie comme les campagnes de seigneuries dirigées par des nobles et des chevaliers, des évêques ou des abbés, les marchands ou financiers enrichis tout comme les maîtres des métiers organisés revendiquent tant des avantages économiques que des franchises leur permettant de se constituer en commune. Les élites urbaines sont ainsi souvent à l'origine de révoltes qui mobilisent le petit peuple des villes. Les textes nous ont laissé quelques mentions de révoltes dès le XIIe siècle dans quatre villes du nord du royaume, en particulier celle de Laon en 1110-1112 relatée par Guibert de Nogent. Laon est une cité épiscopale. L'évêque, qui a dans un premier temps reconnu la commune revendiquée par une partie des habitants, revient sur ses engagements. Il s'ensuit une révolte sanglante où l'évêque et plusieurs de ses vassaux sont massacrés [Barthélemy, 1985].

Au XIIIe siècle, dans les villes du comté de Flandres — alors sous la suzeraineté du roi de France —, l'administration communale est acquise mais progressivement confisquée par les « patriciens », les plus riches des marchands. Dans la seconde moitié du siècle, une crise économique dans le textile engendre des grèves dans une vingtaine de villes, de Douai à Gand. Surtout, entre 1275 et 1302, de nombreuses villes connaissent des révoltes des artisans, des ouvriers contre leurs échevins, accusant ceux-ci de faire payer de lourdes taxes sur la consommation (de pain, de vin, de bière, etc.), d'être corrompus, de ne pas utiliser les impôts pour le bien public (pavage des rues, entretien des ponts, des cours d'eau, des pâturages, etc.). Ils exigent d'exercer un contrôle et, pour ce faire, de participer à la gestion de la commune. Les patriciens sont soutenus par le roi de France, les travailleurs par le comte. En 1302, à la bataille des Éperons d'or à Courtrai, les milices communales battent la chevalerie du roi de France. Les révoltes des exclus de la politique se sont transformées en une guerre qui aboutit à un partage du pouvoir dans les communes [Cassard, 2011 ; Dumolyn, 2015].

Contre les nobles, la Jacquerie de 1358 et la longue révolte des Tuchins du Midi (1363-1389)

Le milieu du XIVe siècle est une période particulièrement troublée. Le royaume est décimé entre 1347 et 1351 par la peste noire et ses résurgences. Les défaites militaires de Crécy (1346) et de Poitiers (1356) affaiblissent la royauté française et la noblesse qui se montrent incapables de protéger le royaume et ses sujets, en particulier contre les « routiers », soldats anglais ou non, qui parcourent les campagnes en bandes, pillent, violentent et tuent.

Même si elle ne dure que quelques semaines, fin mai-début juin 1358, la Jacquerie frappe les esprits des chroniqueurs de l'époque. Tout commence près de Creil par une querelle entre des hommes d'armes et des paysans. La révolte se répand très rapidement dans toute l'Île-de-France et au-delà. Les seigneurs, leur famille, leur château sont les victimes principales d'une grande violence — meurtres, viols, incendies — dénoncée par les chroniqueurs comme Jean de Venette, qui n'en souligne

Encadré 2. La révolte des Travailleurs anglais

« Au cours de l'été 1381 éclate en Angleterre un violent soulèvement populaire aussi inattendu qu'inédit. [...] La "révolte des paysans" a été dirigée par des roturiers — les plus célèbres étant Wat Tyler, Jack Straw et John Balle — dont les origines étaient obscures [...]. Ils ne recherchaient pas un avantage personnel, mais avançaient un agenda politique radical qui, s'il avait été mis en œuvre, aurait fondamentalement transformé la société anglaise : l'abolition du servage et des redevances et services dus par les tenanciers à leur seigneur ; l'absence de péage et de douane sur l'achat et la vente de marchandises dans tout le pays ; la reconnaissance du droit d'un homme à travailler pour qui il choisissait pour le salaire qu'il avait choisi ; la saisie par l'État des richesses et des biens de l'Église. »

Source : Barker [2014, introduction, notre traduction].

pas moins la responsabilité des « nobles [qui], loin de protéger [les paysans], les opprimaient aussi lourdement que l'ennemi ».

La période 1378-1382 connaît une poussée des révoltes, encore parfois contre la soldatesque incontrôlée mais déjà surtout contre le fisc royal, qui a la main lourde pour faire face aux dépenses de guerre (à Paris, révolte des Maillotins, 1382). En Haute-Auvergne et dans le Languedoc, la révolte des Tuchins (1361-1389) rassemble des paysans, des artisans des faubourgs urbains et même des petits nobles contre les représentants du fisc royal mais aussi contre les compagnies de soldats anglais et gascons qui vivent sur le pays [Challet, 1998 ; 2009].

1500-1788 : de grandes révoltes régionales contre l'État moderne

L'affirmation de plus en plus nette du pouvoir royal qui veut étendre son domaine, unifier politiquement et fiscalement le royaume suscite des résistances. Ses besoins financiers grandissants liés aux guerres entraînent une charge fiscale de plus en plus mal tolérée.

Toujours des révoltes contre les nobles, les notables, les riches, les marchands de grains...

En 1550, autour de Foix, des paysans tuent leur seigneur qui voulait interdire le parcours des animaux sur ses terres et pillent son château. « Haro sur le seigneur » est un cri de ralliement médiéval qui se poursuit longtemps encore dans les temps modernes [Brunel et Brunet, 2009]. Cinq cent douze révoltes antiseigneuriales sont recensées entre 1661 et 1789 par Jean Nicolas [2002], témoins du heurt entre les droits seigneuriaux et le peuple des campagnes.

Pendant toute cette période, de nombreuses révoltes frumentaires (liées au manque de grains) s'en prennent à ceux qui, à proximité, sont estimés responsables. Lors de la « guerre des Farines » (1775) qui touche principalement l'Île-de-France, la foule attaque principalement les « affameurs », riches et marchands ou gros paysans accusés de stocker et faire commerce de grains et farine au meilleur prix pour eux. Les révoltes frumentaires connaissent un nouveau pic en 1788-1789 après de très mauvaises récoltes dues aux calamités naturelles touchant de nombreuses régions et Paris.

... mais de plus en plus contre les nouveaux représentants du roi

La période qui va de la fin du règne d'Henri IV à l'arrivée au pouvoir de Louis XIV est dominée par les guerres. L'armée royale passe de 30 000 hommes en 1620 à 100 000 en 1634. Le roi a besoin de beaucoup d'argent. De 1627 à 1661 la ponction s'alourdit. Un fossé se creuse entre les sociétés urbaine et rurale traditionnelles et l'État moderne dont les représentants, intendants et autres fonctionnaires viennent de l'extérieur [Ozanam, 1976]. Les intendants disposent d'un personnel d'exécution — commis, traitants, etc. — et d'une force spéciale, les fusiliers des tailles, détestés dans les provinces [Bercé, 1974].

Ce sont les grandes révoltes rurales qui marquent la période. L'année 1528 est celle de la révolte des Pitauds dans le sud-ouest du royaume, dirigée essentiellement contre les agents du fisc royal dont une trentaine sont exécutés. Gauthier Aubert [2015] y voit l'« invention d'un modèle » où s'enchaînent révoltes violentes, répressions sanglantes et concessions. Dans le Périgord, la révolte des Croquants en 1636-1637 se transforme en véritable « guerre paysanne ». Après l'assassinat de deux sergents

Encadré 3. Une révolte du Bundschuh relatée par Friedrich Engels

« En 1502, se manifestèrent, dans l'évêché de Spire, qui englobait alors également la région de Bruchsal, les symptômes d'un mouvement clandestin parmi les paysans. Le Bundschuh s'y était réorganisé avec un succès vraiment considérable. Près de 7 000 hommes faisaient partie de l'organisation. [...] Son programme contenait les points suivants : refus du paiement du cens, des dîmes, des impôts et douanes aux princes, seigneurs et prêtres ; abolition du servage ; confiscation des cloîtres et autres *biens ecclésiastiques et partage de ceux-ci entre les gens du peuple ; plus d'autre maître que l'empereur* [souligné par Engels].

Nous trouvons ici pour la première fois, chez les paysans, la revendication de la sécularisation des biens du clergé au profit du peuple et celle de la monarchie allemande une et indivisible, deux revendications qui dès lors réapparaissent régulièrement au sein de la fraction la plus avancée des paysans et des plébéiens, jusqu'à ce que Thomas Münzer substitue au *partage* des biens d'Église leur *confiscation* au profit de la *communauté des biens* et *à l'Empire* allemand uni, la *République* une et indivisible [souligné par Engels]. »

Source : Engels [1850].

commence la chasse aux agents du fisc. C'est bientôt une armée de plusieurs milliers d'hommes, paysans pauvres, laboureurs, artisans encadrés par d'anciens soldats et quelques petits nobles et prêtres locaux qui fait son entrée dans Bergerac. Le gouverneur de Guyenne doit livrer une bataille meurtrière pour en venir à bout [Bercé, 1974].

La révolte des Nu-pieds normands de 1639 autour d'Avranches est très similaire. C'est aussi une affaire d'impôts, en particulier de gabelle, que Richelieu voudrait imposer dans cette région de producteurs de sel [Foisil, 1970]. Les paysans vont jusqu'à former une troupe de 5 000 hommes, encadrés aussi par de petits nobles et des curés. Richelieu mobilise une petite armée pour écraser la révolte.

Mais les révoltes s'en prennent aussi à ceux qui sont jugés complices des agents royaux. Lors de la révolte de Cornouailles (1675), l'ire des « Bonnets rouges » s'abat surtout sur ceux qui, nobles, bourgeois ou prêtres, donnent l'impression de trahir la communauté en acceptant le nouvel ordre fiscal.

Révoltes contre les agents recruteurs

À partir de 1688 est instaurée la milice provinciale, auxiliaire de l'armée régulière, levée pour six puis quatre ans, chaque paroisse devant fournir un homme, célibataire de préférence. À partir de 1692, cette levée de troupes se fait par tirage au sort. Tous les témoignages concordent : la milice est partout haïe [Joblin, 2003]. Jean Nicolas fait état de cent quarante-deux rébellions contre ces recrutements, la plupart de courte durée. Le point haut des recrutements et des révoltes qui y sont liées correspond aux guerres menées par Louis XIV entre 1695 et 1713. La population s'attaque aux recruteurs pour libérer les enrôlés de force ou protéger ceux qui ont réussi à s'échapper.

Nouvelles révoltes contre des employeurs

Les détenteurs du pouvoir économique sont aussi pris pour cible par les révoltes populaires. Les grèves et révoltes du XVIIIe siècle sont révélatrices des transformations économiques en cours, liées à l'affaiblissement des corporations de métiers, à l'essor de nouveaux entrepreneurs, à l'élargissement des marchés. La révolte des tondeurs de laine à Sedan en 1750 [Gayot, 1998], tout comme celle des tisserands languedociens de Saint-Chinian en 1781, s'inscrit dans la lutte des métiers contre les marchands-fabricants qui fournissent les matières premières, organisent les chaînes de production et commercialisent les produits fabriqués.

Signe des temps encore, les révoltes contre les inspecteurs des manufactures, institués par Jean-Baptiste Colbert en 1669 : chargés de sillonner le pays pour contrôler la qualité des textiles fabriqués, ces fonctionnaires sont souvent pris à partie par des artisans ou par des ouvrières et ouvriers parfois encouragés par leur maître. Un inspecteur en mission au Languedoc écrit au directeur du Commerce Trudaine : « Vous m'avez envoyé parmi un peuple de bêtes féroces » [Minard, 1998].

1789-1875 : révoltes et révolutions politiques et industrielles : contre le régime, contre l'employeur

Les révoltes du temps des révolutions : contre toutes les autorités

Dans les campagnes, à partir du printemps 1788, une première vague de troubles frumentaires s'attaquant comme à l'accoutumée aux « accapareurs » accusés de stocker le grain et à ceux qui en font commerce tourne ensuite en révolte contre les propriétaires fonciers. Les cahiers de doléances des campagnes soulignent l'importance du problème foncier, dénonçant le recul des droits d'usage collectifs des forêts comme des champs.

Au cours de la Révolution, les révoltes rurales, souvent antiseigneuriales (Grande Peur de fin juillet 1789 et au-delà [Lefebvre, 1932 ; Tackett, 2004]), s'en prennent par la suite aux bourgeois et gros paysans qui ont mis la main sur les biens nationaux confisqués à l'Église et aux émigrés : ainsi dans l'ouest de la Sarthe, où ce sont désormais des bourgeois qui perçoivent les fermages [Bois, 1960]. Une petite paysannerie s'oppose ainsi à une Révolution qui défend les propriétaires capables de nourrir les villes et l'armée [Ado, 1996]. Une partie de la paysannerie défie aussi les régimes successifs en défendant des curés réfractaires à la Constitution qui soumet l'Église au pouvoir civil et en refusant la conscription, ce qui, dans l'Ouest, se transforme en guerre contre-révolutionnaire [Martin, 1998].

Plus tard, en 1798-1799, des résistances fortes à la conscription obligatoire, décidée par la loi Jourdan (1798), se manifestent encore comme aux confins de la Creuse, de la Corrèze, du Puy-de-Dôme où des bandes de déserteurs hantent les campagnes [Boutier, 1987].

Et qu'en est-il dans la capitale ? Georges Rudé [1982] a suivi les grandes vagues de mobilisations populaires à Paris de 1789 à 1795. Les cibles des « sans-culottes » sont principalement politiques (l'entourage du roi, puis le roi lui-même, les nouveaux pouvoirs — Assemblée constituante, Convention, Girondins, voire Montagnards), et concernent aussi les « accapareurs », jugés responsables de la hausse des prix des produits de première nécessité.

Quant aux sans-culottes marseillais, ils suivent d'abord leurs homologues de Paris, mais sont les premiers à exiger l'abolition de la royauté en 1792 et, l'année suivante, à se révolter contre les Jacobins : Marseille devient l'un des principaux pôles fédéralistes contre la centralisation parisienne [Vovelle, 1986].

L'irruption du peuple comme acteur majeur des révolutions politiques s'inscrit désormais dans l'histoire de France [Aprile, 2010], en une succession de tentatives révolutionnaires victorieuses ou défaites, en 1830, 1832 et 1848 (février et juin) [Gribaudi et Riot-Sarcey, 2008] et jusqu'à la Commune.

En 1871, la révolte de la Commune de Paris [Rougerie, 1988 ; Tombs, 2014] est dirigée à la fois contre le gouvernement provisoire qui a signé l'armistice et contre les Prussiens. La Commune est une insurrection patriotique à forte coloration socialiste, aspirant à une démocratie directe. Avec la Commune, malgré son fort impact national et international [Deluermoz, 2020], se clôt la succession des révoltes populaires insurrectionnelles, dont le projet démocratique, social, révolutionnaire prend pour cible la tête de l'État et le régime.

Les révoltes contre les esclavagistes et les colonialistes

Politiques et sociales elles aussi, des révoltes se lèvent, rarement directement contre l'État esclavagiste et colonialiste, bien trop lointain, mais d'abord contre ceux qui l'incarnent ou le représentent : à Saint-Domingue (1791-1793), la grande colonie sucrière aux 450 000 esclaves d'origine africaine, la révolte antiesclavagiste tourne en insurrection (1791-1793) et, après dix ans de guerre civile, aboutit à la proclamation de la première République noire en 1804 [James, 1938a ; Hector et Hurbon, 2009 ; Helg, 2016] : l'impact de la révolution haïtienne dans les Amériques est considérable [Geggus, 2001]. Dans la première moitié du XIXe siècle, les Antilles françaises connaissent de nombreuses révoltes [Butel, 2002] comme — pour n'en citer qu'une — celle des esclaves du Carbet en Martinique en 1822 [Thésée, 1993]. La colonisation de l'Algérie qui débute en 1830 se heurte très rapidement à une forte résistance des Algériens [Peyroulou *et al.*, 2014].

Contre les employeurs de la révolution industrielle

Avec les changements économiques et sociaux liés aux débuts de la révolution industrielle, l'employeur devient une cible majeure. Des révoltes se lèvent quand les machines concurrencent le travail manuel : ainsi à Vienne (Isère) en 1819 contre un employeur qui veut introduire une tondeuse mécanique. Cependant, les entrepreneurs sont particulièrement ciblés quand ils s'attaquent aux salaires, par des ouvriers qui acquièrent progressivement une « conscience de classe » [Faure, 1974].

À Lyon, les négociants de la soierie ont profité de la mauvaise conjoncture des années 1826-1830 pour baisser leurs prix d'achat (les « tarifs ») aux travailleurs de la soie. En novembre 1831, ces Canuts s'insurgent les armes à la main et se rendent maîtres de la ville, sans succès pourtant. Une nouvelle insurrection, noyée dans le sang, éclate au printemps 1834 [Rude, 1982].

Un autre patronat est particulièrement visé, qui incarne la nouvelle économie fondée sur le charbon : celui des mines. La révolte dite « des quatre sous », survient à Anzin (Nord) en 1833 : les mineurs protestent contre la baisse des salaires, certains se rendent dans la maison d'un agent supérieur dont ils brisent les meubles, avant de taillader symboliquement l'un de ses habits. [Aguet, 1954]. Autre grève de mineurs mémorable, celle de Rive-de-Gier, dans la Loire, en 1844 contre l'employeur qui réduit les salaires et augmente le temps de travail [Cooper-Richet, 1998].

1875-1945 : révoltes populaires en République : patronat, État bourgeois, parlementaires pour cible

Les révoltes ouvrières, au centre de la « question sociale »

Les révoltes ouvrières se manifestent surtout par des grèves qui, vu les restrictions imposées par la loi de 1864 autorisant les grèves, sont vite considérées comme illégales et intolérables par les patrons qui veulent rester maîtres chez eux. Dans ces conditions, la grève ne peut être que révolte, parfois violente, souvent réprimée. Avant 1914, les mineurs restent encore en première ligne. La violence est limitée. Une exception : les grèves des mineurs de Decazeville, dans l'Aveyron, qui connaissent leur point culminant en 1886 avec la défenestration et le meurtre de l'ingénieur et sous-directeur des Houillères Jules Watrin.

À partir des années 1890, les organisations du mouvement ouvrier et du mouvement socialiste prennent de l'ampleur. Autour de la Confédération générale du travail (CGT, fondée en 1895) animée par des syndicalistes révolutionnaires, un syndicalisme d'action directe organise en quelque sorte une révolte permanente antipatronale et antigouvernementale qui refuse toute direction politique venue d'en haut. Les révoltes ouvrières de l'époque, suscitées ou non par des militants, ne sont plus d'abord le fait d'hommes qualifiés de l'artisanat mais celui d'ouvrières et d'ouvriers d'usines, de mines, de chantiers. Ainsi la révolte des « hommes du fer » de Lorraine en 1905 [Bonnet et Humbert, 1981] ; celle des porcelainiers à Limoges la même année qui s'en prennent directement à un contremaître particulièrement honni et brûlent la voiture d'un des principaux patrons [Désiré-Vuillemin, 1973] ; celle contre la compagnie minière après la catastrophe de Courrières, dans le Pas-de-Calais (qui fait 1 099 morts en mars 1906) ; la grève dans les Sablières de Draveil et de Villeneuve-Saint-Georges au sud de Paris contre les patrons qui refusent de négocier ; la grève des ouvrières et ouvriers du canton de Méru dans l'Oise en 1909 contre les patrons des usines de boutons qui veulent imposer une baisse des salaires.

Et que dire de la grande vague de grèves de 1936 ? Si elle est un immense mouvement social structuré par la CGT réunifiée, son origine prend sa source dans de multiples révoltes ouvrières. Elle démarre dans l'aéronautique au Havre et à Toulouse, s'étend dans la métallurgie parisienne [Prost, 2002] puis à bien d'autres secteurs, totalisant bientôt près de 2 millions de grévistes, en particulier dans des secteurs sans tradition syndicale (grands magasins).

Une cible collatérale des révoltes ouvrières sous la IIIe République, ce sont aussi d'autres ouvriers, les non-grévistes, ceux embauchés après un *lock-out*, les « renards », les « jaunes ».

Cela concerne aussi, plus rarement, les « étrangers ». L'événement le plus connu est celui d'Aigues-Mortes en août 1893 [Noiriel, 2010] : l'attaque des ouvriers italiens piémontais par des « trimards » (pauvres hères et vagabonds français embauchés dans les Salins du Midi) fait huit morts, une cinquantaine de blessés selon les chiffres officiels.

Le monde rural connaît aussi sous la IIIe République des révoltes qui ont fait date, contre l'État et sa réglementation. La révolte des vignerons du Languedoc en 1907 est la plus massive des révoltes rurales qui se sont produites avant la Grande Guerre, centrée sur l'exigence d'une législation contre les sucreurs de vin, les « fraudeurs ».

Révoltes contre les représentants de la République

La IIIe République à peine née, le mouvement boulangiste (1888-1891) prend la forme d'une lutte politique, à travers les succès électoraux du général Boulanger et de ceux qui s'en revendiquent. La cible principale de ce mouvement : la classe politique corrompue et inefficace, la Constitution de la IIIe République avec ses deux chambres et le Prussien contre lequel il faut préparer la Revanche [Garrigues, 1992 ; Sternhell, 1978]. Le boulangisme — un mouvement antiparlementaire hétéroclite rassemblant des courants d'extrême gauche et d'extrême droite contre la République bourgeoise corrompue — est resté l'expression d'une révolte confuse qui n'éclate guère que sur les estrades, dans la presse et dans les urnes, mais qui annonce l'antidreyfusisme et, au-delà, les mobilisations d'extrême droite de l'entre-deux-guerres.

Avant guerre toujours, une révolte s'élève contre la République laïque : la révolte catholique qui éclate en 1906 contre la loi de séparation de l'Église et de l'État, en particulier à propos des « Inventaires » des biens des églises qui doivent revenir aux associations cultuelles à créer : en février-mars 1906, dans certains départements, en particulier dans le nord et l'ouest du pays, se lève une résistance populaire violente, barricadant les villages et les églises, affrontant les forces de l'ordre [Mayeur, 1966].

Dans l'entre-deux-guerres, des « Ligues » d'extrême droite parviennent à mobiliser des classes populaires, surtout dans les petites classes moyennes propriétaires, contre les gouvernements de gauche modérée. Des scandales financiers aidant, la colère contre la République parlementaire dégénère en émeute le 6 février 1934 [Berstein, 1975 ; Tartakowsky, 2014].

En milieu rural, ce registre est aussi celui de plusieurs organisations, la principale étant celle des « Chemises vertes » [Ory, 1975], les Comités de défense paysanne guidés par un *leader* fascisant, Henri Dorgères, qui organisent des chasses aux agents du fisc et s'opposent à des saisies. C'est « la plus importante rébellion paysanne contre la République depuis la chouannerie » [Paxton, 1996].

Quelle révolte contre les fauteurs de guerre ?

En 1914, les classes populaires, comme les autres, ne se révoltent pas contre la mobilisation et répondent à l'appel avec résignation. Les mutineries de 1917 ne représentent pas une révolte contre la guerre, mais contre le commandement et le peu de cas qui est fait de la vie du soldat [Rolland, 2005 ; Loez, 2010]. C'est au lendemain de la guerre qu'une génération radicalisée se lève pour dénoncer la boucherie. L'adhésion au jeune Parti communiste français doit beaucoup au rejet de la guerre.

Les révoltes anticoloniales

L'active politique d'expansion coloniale sous la IIIe République se heurte à de multiples révoltes contre les acteurs de cette occupation, colons et soldats : révolte kanake en Nouvelle-Calédonie (1878) [Merle, 1995], au Dahomey (futur Bénin, en 1890-1894), à Madagascar (révolte des Toges rouges, 1895), multiples révoltes au Maroc (1911, 1912, guerre du Rif de 1921-1926) [Courcelles-Labrousse et Marmié-Maniglier, 2008]. En Syrie, que la France administre d'après un mandat de la Société des Nations, une révolte éclate en 1925-1926. En 1928-1929, c'est la révolte du Kongo-Warra en Afrique équatoriale française contre une compagnie forestière. En Indochine, en 1930, une révolte de soldats soutenus par des paysans éclate, organisée par le Parti nationaliste vietnamien. Des révoltes se transforment en guerres, en guérillas et, déjà dans le Rif et en Indochine, amorcent une guerre d'indépendance.

Les révoltes contre la « menace fasciste »...

Enfin, pour rester dans les révoltes à caractère politique, peut-on parler de révoltes populaires à propos des mouvements antifascistes ? Ce mouvement doit sa structuration à la nouvelle politique de l'Internationale communiste à partir de 1934-1935, lorsque Joseph Staline fait le choix de se rapprocher des démocraties occidentales contre Adolf Hitler. Mais l'antifascisme s'appuie sur une révolte — pas seulement populaire — de tous ceux qui sont attachés à la démocratie et aux droits de l'homme [Vergnon, 2009].

... et contre l'occupant nazi et son complice, l'État français de Philippe Pétain

Les classes populaires participent à la Résistance surtout *via* partis et syndicats clandestins, individuellement ou par petits groupes et souvent grâce à leur « fonctionnalité », leur place dans la société : ainsi la résistance grandissante des cheminots, ou le rôle des paysans, artisans ou petits commerçants dans le monde rural en contact avec des maquis [Prost, 1997]. La résistance au travail en Allemagne (dès 1942) et surtout au Service du travail obligatoire (STO) en 1943 est un moment fort de la résistance populaire [Spina, 2017].

1945-1981 : des cibles nouvelles

Après les nationalisations des années 1945-1946, l'État keynésien, modernisateur, redistributeur, qui met en place la Sécurité sociale, est moins susceptible d'être la cible de révoltes, d'autant que les mouvements sociaux sont pour la plupart bien encadrés. Pourtant, les révoltes ne manquent pas, contre lui comme contre des cibles nouvelles.

Les révoltes de salariés contre l'État-patron

La série de grèves au caractère parfois insurrectionnel en 1947-1948 est due à l'agitation politique organisée par un puissant Parti communiste et par la CGT dans le cadre de la guerre froide et au mécontentement ouvrier face à l'inflation et aux conditions de vie de l'après-guerre. Le point culminant de ces innombrables grèves (1 400 recensées en 1948) est celle des mineurs de l'automne 1948, durement réprimée par les Compagnies républicaines de sécurité (CRS) nouvellement créées [Mencherini, 1998].

Grand mouvement social atypique au parfum de révolte, la grande grève d'août 1953 — la plus importante survenue en France entre 1936 et 1968 — touche essentiellement les services publics, vent debout contre les décrets d'austérité et de réforme des régimes spéciaux de retraite prévus par la politique anti-inflationniste du gouvernement Laniel. On compte jusqu'à 4 millions de grévistes le 13 août et l'État-patron finit par reculer [Pigenet, 2012a]. En 1963, la révolte des mineurs de quarante-cinq jours centrée sur les salaires est canalisée dans une grève classique par les syndicats, grève victorieuse qui cache mal la fin programmée des mines de charbon [Cothias, 2015].

La période qui précède 1968 est riche en montée des tensions dans diverses usines. La plus emblématique est la grève de l'usine de textiles artificiels de Rhodiaceta (1967) à Besançon, où des jeunes ouvriers se révoltent contre l'univers taylorisé de cette usine moderne, préfigurant les mouvements des ouvriers spécialisés d'après 1968 [Hatzfeld et Lomba, 2008].

Des révoltes contre l'État modernisateur

Quant à la révolte « poujadiste » (1953-1957), elle se structure dès novembre 1953 en Union de défense des commerçants et artisans (UDCA) pilotée par un *leader*, le papetier de Saint-Céré (Lot) Pierre Poujade. Ces « petits-bourgeois en révolte » [Borne, 1977] s'opposent physiquement à des contrôles fiscaux. Au-delà, c'est le régime parlementaire de la IVe République qui est visé, les « technocrates de Paris ».

Si des paysans participent au mouvement Poujade ou le soutiennent, ils se manifestent surtout par leur propre révolte contre l'État et sa politique agricole et contre les grandes entreprises agro-industrielles. Les petits et moyens paysans, tout en s'endettant pour moderniser leurs exploitations, veulent défendre le modèle familial. N'ayant pas de contrôle sur les prix, ils mènent des actions spectaculaires pour faire pression sur le gouvernement. En 1961, des syndicalistes du Finistère sabotent des lignes téléphoniques, brûlent des urnes électorales, occupent la sous-préfecture de Morlaix le 8 juin. Après l'arrestation de deux dirigeants, les manifestations se poursuivent et s'étendent à d'autres régions. Elles obligent le gouvernement à prendre des mesures de soutien des marchés accompagnées de mesures sociales [Martin, 2014].

Les luttes de libération nationale contre l'Empire français

L'État est aussi la cible des révoltes anticoloniales et des luttes de libération nationale. Ces révoltes, qui ont pour cibles immédiates les colons et les représentant de l'État, se succèdent, de l'Algérie (Sétif, 1945) à Madagascar (1947), du Cameroun (1945, 1955-1960) au Maroc (1947, 1953). En Indochine, la révolte se transforme en guerre de libération nationale (1946-1954), tout comme en Algérie (1954-1962).

La guerre d'Algérie a un fort impact en métropole [Branche et Thénault, 2008]. Elle y entraîne des révoltes de militants de gauche qui montent un réseau d'aide au Front de libération nationale (FLN) [Hamon et Rotman, 1979], des jeunes appelés ou rappelés qui refusent l'engagement en Algérie en 1955-1956 [Grenier, 2007]. L'Union des étudiants de France se bat contre l'appel des sursitaires, mais va plus loin et, à partir de 1960, est à la pointe du combat en faveur du droit à l'indépendance du peuple algérien [Association des Anciens de l'UNEF, 2013 ; Orkibi, 2013 ; Wallon, 2016].

Dans l'autre camp, un vent de révolte violent souffle en faveur du maintien de l'Algérie française au lendemain de l'allocution du président de Gaulle proposant l'« autodétermination » (septembre 1959) : en janvier 1960, Alger se couvre de barricades [Frémeaux, 1997]. Dès lors, la révolte s'étend en Algérie et en métropole, structurée dès le départ par plusieurs organisations où l'extrême droite est très présente, une partie des militants s'engageant dans une organisation clandestine terroriste, l'Organisation de l'armée secrète (OAS) [Ruscio, 2015].

Rappelons enfin des révoltes en outre-mer : celles survenues en 1959 en Martinique, en 1962 et surtout 1967 en Guadeloupe contre ce que nombre d'Antillais considèrent comme un État colonial [Stora, 2016].

Mai 68-années 1970 : une décennie de révoltes multiformes contre l'État autoritaire, le grand patronat et la société répressive

Précédant une immense grève ouvrière s'est levé un mouvement étudiant [Bantigny, 2018 ; Damamme *et al.*, 2008]. La révolte étudiante, avec ses barricades dans le quartier Latin, renoue avec l'imaginaire des révoltes et révolutions du XIXe siècle à Paris. Mais c'est aussi d'une autre révolte qu'il faut parler, celle d'ouvrières et d'ouvriers, jeunes aussi pour la plupart, qui lancent des pavés, des pierres et des boulons, font grève dans les entreprises, refusant souvent de reprendre le travail après les négociations de Grenelle en s'en prenant aux *leaders* syndicaux qui poussent à terminer la grève. Ces jeunes participent aux affrontements avec les forces de l'ordre les 13 et 24 mai à Clermont-Ferrand [Ponsard, 2008]. En juin, les plus graves affrontements entre ouvriers, leurs soutiens et les CRS venus procéder à l'évacuation de l'usine ont lieu le 11 à Renault Flins (Yvelines) — causant la noyade dans la Seine du jeune lycéen maoïste Gilles Tautin — et à Peugeot-Sochaux — deux morts (Pierre Beylot et Henri Blanchet) et quatre-vingts blessés du côté ouvriers [Hatzfeld, 1995].

L'après-68 : l'insubordination contre toutes les autorités

Mai 68 a certes ciblé, lors des grandes manifestations, la Ve République de De Gaulle (« Dix ans de gaullisme, ça suffit ! ») et le grand patronat avec le capitalisme international qu'il incarne au moment de l'ouverture de l'économie. Mais, sur le terrain, c'est tout autant l'autorité de proximité qui est visée. En s'en prenant à la maîtrise d'atelier, bien des ouvriers et ouvrières s'attaquent au taylorisme, aux conditions de travail. La contestation de la « domination rapprochée » est sous-jacente à bien des révoltes ultérieures [Memmi, 2008].

La période 1968-1976 voit ainsi se multiplier les grèves d'ouvriers spécialisés (OS) qui, dans l'usine taylorisée, assurent des tâches simples et répétitives, souvent des femmes, des jeunes, des immigrés [Pitti, 2004]. Se manifeste ainsi dans nombre d'usines diverses, à l'écart comme à l'intérieur de bastions ouvriers traditionnels, une « insubordination ouvrière » [Vigna, 2007 ; 2008] peu contrôlée par les centrales syndicales. Cette révolte visant les directions d'usine, d'atelier et souvent la maîtrise chargée d'imposer les cadences et de contrôler le travail invente de nouveaux répertoires de lutte.

Cependant, dans la seconde moitié de la décennie 1970, le mouvement ouvrier commence à se battre le dos au mur. Beaucoup de travailleurs se révoltent contre les menaces de licenciement ou de fermeture d'usine qui pèsent sur eux. Pour Xavier Vigna, la période de la révolte ouvrière conquérante se clôt avec la vaine révolte des sidérurgistes lorrains en 1978-1979 contre le grand patronat de la sidérurgie, l'État et la Communauté européenne qui planifient la baisse de la production [Vigna, 2004].

L'« insubordination » n'est pas uniquement le fait d'une fraction rebelle du monde ouvrier : on la retrouve aussi dans le monde des paysans de gauche radicalisés [Lynch, 2019]. « Devenus contestataires, ils ont renouvelé leur discours en intégrant et adaptant des thèmes portés par les mouvements sociaux des années 1968 dont ils se sentaient proches » : antimilitarisme, anticapitalisme, critique des autorités traditionnelles, opposition au pouvoir central, voire régionalisme [Martin, 2014] ; c'est ce que montre l'exemple de la révolte des paysans du Larzac (1973-1981) qui refusent l'extension d'un camp militaire.

Ces mouvements paysans contestataires des années 1970 sont contemporains des « nouveaux mouvements sociaux » tels qu'analysés par l'équipe d'Alain Touraine [1978 ; 1980 ; 1981] et qui ne sont plus des mouvements de lutte des classes. Dans ces années, le combat féministe se radicalise, porté par le Mouvement de libération des femmes (MLF) et prend de l'ampleur, ciblant l'État et la loi de 1920 qui criminalise l'avortement, mais au-delà s'attaquant à toutes les formes d'oppression de la femme. Cette révolte se concrétise par la multiplication d'actes ouvertement illégaux — telle l'organisation de voyages à l'étranger pour les femmes voulant avorter — portés en particulier par le Mouvement pour la liberté de l'avortement et de la contraception (MLAC) [Picq, 2018 ; Zancarini-Fournel, 2003].

C'est aussi dans les années 1970 que s'enflamme une révolte durable : celle des prisons qui prend directement pour cible l'État régalien et ses représentants de proximité, les surveillants. En 1971-1972 éclatent des mutineries à Toul et Nancy (où les détenus prennent le contrôle de la prison avant d'être durement réprimés) qui trouvent un relais dans la société avec la création dès février 1971 du Groupe d'information sur les prisons (GIP) [Artières, 2001, 2003 ; Livrozet, 1973].

1981-2020 : des révoltes contre les responsables des inégalités et de la précarité

L'arrivée de la gauche au pouvoir en 1981 entraîne de grands espoirs mais rapidement aussi de grandes déceptions qui précipitent le recul communiste et la montée de l'extrême droite xénophobe. La crise économique et sociale qui s'approfondit, le chômage de masse qui s'installe, la mondialisation de l'économie soutenue par les gouvernements qui se traduit par une grande ouverture à la concurrence internationale et la migration de l'investissement industriel hors des frontières (délocalisations) s'ajoutent aux facteurs politiques pour modifier et affaiblir l'encadrement politique et syndical des mouvements sociaux.

Révoltes de classes contre le patronat français ou étranger, l'État libéral et « l'Europe »

Les révoltes ouvrières sont avant tout des révoltes défensives contre les patrons qui licencient et l'État qui se révèle impuissant, voire complice aux yeux des salariés : des grèves dans l'automobile en témoignent dès le début de la décennie 1980. À Talbot-Poissy, le conflit (1982-1984), d'abord revendicatif, se transforme en défense de l'emploi. Il prend la forme d'une violente révolte contre un patronat de combat et un syndicat-maison, entre grévistes et non-grévistes [Hatzfeld et Loubet, 2004]. De tels conflits éclatent tout au long de la période contre les licenciements et les fermetures d'usine, de la lingerie Lejaby aux thés Éléphant, de l'usine de pneus Continental dans l'Oise à celle de Whirpool à Amiens.

La cible « Europe » est au centre des manifestations de colère des agriculteurs qui, eux aussi, se sentent dos au mur et accusent la politique agricole commune (PAC). L'année 2016 connaît par exemple une forte poussée de fièvre, avec des affrontements violents avec les forces de l'ordre en Bretagne. De nouvelles organisations paysannes, opposées au syndicat majoritaire (la Fédération nationale des syndicats d'exploitants agricoles — FNSEA), organisent des révoltes avec des options très différentes : radicalement conservatrice pour la Coordination rurale [Purseigle, 2010], militant pour une autre agriculture écologique pour la Confédération paysanne [Martin, 2005 ; Roullaud, 2017].

Des mouvements qui innovent

Ces derniers se retrouvent avec des ouvriers, des salariés, des intellectuels, ensemble contre les promoteurs de la mondialisation libérale, contre les gouvernements, contre le monde de la finance, dans un mouvement « altermondialiste » aux multiples facettes [Agrikoliansky *et al.*, 2005 ; Fillieule et Sommier, 2012]. Les mêmes et d'autres participent à des mouvements aux connexions internationales comme les « Indignés » ou « Nuit debout » [*Les Temps modernes*, 2016 ; Brustier 2016].

D'autres nouveaux mouvements se développent, s'en prenant à l'État mais visant aussi tous ceux qui, dans la société, s'acharnent à maintenir l'ordre social ancien : ainsi les combats féministes, qui, dans leurs récentes expressions, s'insurgent contre les auteurs de violences faites aux femmes ;

les homosexuels [Fillieule et Broca, 2002] et transsexuels, qui se heurtent à un bloc conservateur puissant qui se mobilise aussi (« Manif pour tous » contre le mariage homosexuel) [Raison du Cleuziou, 2019] ; les révoltes environnementales qui s'attaquent à la politique énergétique de l'État ; les révoltés dans les « zones à défendre » (ZAD, comme Notre-Dame-des-Landes ou le barrage de Sivens) [Cusset, 2015].

L'essor de mouvements contre un État de moins en moins social face à des inégalités, une précarité et une misère grandissantes prend différentes formes : de la révolte de Coluche — qui réussit à cristalliser autour des Restos du Cœur (1985) un grand nombre de gens indignés par la misère qui perdure dans un pays riche — aux multiples révoltes des « sans » (-papiers, -emploi, -logement, -domicile fixe) animées par des militants qui font de l'action positive illégale médiatisée un moyen de pression sur les pouvoirs publics [Mouchard, 2002].

Les participants aux révoltes en outre-mer se lèvent contre la pauvreté, mais aspirent aussi à plus d'autonomie, voire à une indépendance politique et économique : le fait le plus marquant est l'insurrection kanake en Nouvelle-Calédonie (1984-1988) [Tjibaou, 1996]. En 2009, en Guadeloupe, un puissant mouvement social traduit une révolte des classes populaires et moyennes contre l'État français, derrière le LKP (en créole, Alliance contre l'exploitation outrancière) [Odin, 2019].

Le sentiment d'être laissés-pour-compte, victimes de racisme est aussi vif en métropole, dans les quartiers où se retrouvent de nombreux jeunes issus de l'immigration, français pour la plupart : depuis 1981, des émeutes urbaines dirigées d'abord contre la police éclatent dans des quartiers de banlieue, telles l'émeute de Vaulx-en-Velin près de Lyon (1990), la vague d'émeutes partie de Clichy-sous-Bois en novembre 2005 [Mucchielli, 2010] ou l'émeute dans le quartier Mistral à Grenoble en mars 2019. En 2020, ces révoltes ont connu un nouveau développement à travers la mobilisation contre les violences policières.

Enfin, la période récente a été marquée par deux révoltes atypiques qui ont surpris, toutes deux prenant pour cible l'État et sa fiscalité sur les transports. Celle des Bonnets rouges bretons contre l'écotaxe (2013-2014) s'en prend directement aux portiques nécessaires à sa mise en place et veut renouer symboliquement avec la révolte de 1675 du même nom. Ce mouvement aux allures de révolte apparaît orchestré par la

FDSEA (la fédération départementale du syndicat agricole majoritaire), des patrons routiers et des mouvements autonomistes bretons [Rabier, 2015]. Celle, surtout, des Gilets jaunes, commencée en novembre 2018 contre une augmentation de taxe sur les carburants, avance très vite d'autres revendications et prend pour cible centrale le président Macron, perçu comme « président des riches ».

II / Contre (et pour) quoi se révolte-t-on ?

Contre quoi se lèvent les révoltes ? Jean Nicolas [2002], dans sa grande enquête sur les rébellions à l'époque moderne, propose un classement par catégorie qui n'épuise bien évidemment pas la question des causes des révoltes : souvent, une révolte se lève contre une nouvelle mesure jugée inique, laquelle révèle un mal-être et des aspirations d'un autre ordre. Ces statistiques ne tenant compte que d'une catégorie par révolte, elles ne peuvent donner qu'une idée approximative des motivations des révoltés (voir encadré ci-après).

Une constante à travers les siècles : les révoltes contre l'injustice fiscale

Suivons Jean Nicolas : de Louis XIV à la Révolution, les questions fiscales apparaissent comme étant à l'origine de 39 % des révoltes. Encore ne s'agit-il que des révoltes contre le fisc royal et, plus précisément, pour la quasi-totalité, des révoltes contre la fiscalité indirecte. C'est déjà en grande partie le cas dès la guerre de Cent Ans. Pour autant, auparavant, des révoltes se sont aussi levées contre les charges seigneuriales. Ultérieurement, du XIXe au XXIe siècle, si les révoltes antifiscales ne sont plus majoritaires, il n'en reste pas moins que des révoltes sporadiques, face à des nouveautés fiscales ou un contrôle plus rigoureux, soulèvent des fractions de la population. Et les révoltes antifiscales cachent souvent des problèmes plus profonds [Hincker, 1971].

Encadré 4. *La Rébellion française* de Jean Nicolas

Résultat d'une vaste enquête collective amorcée dès 1984, l'ouvrage recense plus de 8 500 « rébellions » violentes rassemblant au moins quatre personnes révélées par les archives judiciaires, les délibérations municipales, les registres hospitaliers, les rapports d'intendants, etc. Le livre vaut d'abord par cette abondante documentation classée par nature, par intensité, par localisation, par le récit alerte de cas précis. S'il prend en compte de multiples faits de faible ampleur, de petites émeutes, leur répétition fait sens. La prééminence des rébellions contre le fisc royal, principalement concernant les impôts indirects, met en évidence la relation conflictuelle de la population avec les représentants du pouvoir royal. Si les rébellions rurales ont souvent été mises en avant, Jean Nicolas souligne que les villes, où vivent 15 % de la population, voient se dérouler 40 % des révoltes, qu'elles soient antifiscales, touchant les subsistances ou les conflits du travail. À la campagne, beaucoup de révoltes antiseigneuriales concernent l'usage des communaux qui permettent aux ruraux de ramasser du bois ou de faire paître du petit bétail : les révoltes expriment la défense de ce que le peuple considère comme son « droit naturel ». L'auteur décrit aussi les révoltés, les groupes jugés « à risque » par les autorités. Il souligne aussi l'originalité des révoltes de jeunes.

De cette masse de données et d'analyses ressort le fait que la période étudiée, jugée habituellement paisible jusqu'aux années 1770, est en fait agitée de troubles souvent de faible ampleur mais incessants. La défense des libertés personnelles, de la dignité et une prise de conscience sociale — comme le sous-titre l'indique — apparaissent derrière l'émeute jugée souvent irrationnelle par les autorités. Les données, les analyses et les intuitions de Jean Nicolas ont une portée bien au-delà de cette période.

Contre quoi se rebelle-t-on à l'époque moderne ?

Cause de rébellion	% (arrondi) du total des rébellions
Contre la fiscalité étatique (à 94 % contre les impôts indirects)	39
Problèmes de subsistance (rébellions frumentaires)	17
Contre la répression de l'État (justice, armée, police)	14
Conflits du travail	5
Contre la seigneurie	5
Religion, croyances	3
Mise en cause de notables	2
Mise en cause de l'autorité municipale	2
Contre le clergé	1
Affirmation du particularisme régional	1
Rejet des initiatives réformatrices de l'État	0,6
Contre la noblesse et le privilège nobiliaire	0,1
Divers	10

Source : Nicolas [2002].

Contre les redevances seigneuriales et la dîme : du Moyen Âge à la Révolution

Parmi les nombreux griefs avancés par les paysans contre les seigneurs figure en bonne place ce qu'ils considèrent comme des abus en matière de redevances, de prélèvements en nature, de corvées.

Pendant la guerre de Cent Ans, les redevances seigneuriales sont d'autant moins bien supportées que la défense de la communauté, censée être la contrepartie que les nobles doivent garantir aux paysans, n'est plus assurée. Vincent Challet [2009] souligne que cette question est une des composantes de la révolte des Tuchins dans le Midi (1363-1389). La juste répartition des charges fiscales est une des causes des révoltes urbaines à la même époque [Bourin, 2008].

Contre la fiscalité de l'État central

Mais, à partir de la guerre de Cent Ans et de l'accroissement considérable des dépenses militaires, c'est le fisc royal qui suscite le plus souvent les colères populaires. La taille, impôt direct « extraordinaire » (qui deviendra régulier à partir de 1439), et les impôts indirects qui s'accumulent sont un facteur majeur des révoltes. La Jacquerie de 1358 a une composante fiscale, comme la révolte d'Étienne Marcel qui excite le petit peuple contre le Dauphin. Les révoltes de Montpellier en 1379, les dix-sept jours d'émeutes à Béziers en 1381 ont aussi une dimension fiscale [Challet, 2014]. Deux révoltes survenues en 1382, clairement dirigées contre les « aides », impôts sur la consommation de produits courants, sont restées célèbres : celle des Maillotins à Paris et celle de la « Harelle » à Rouen [Rivière, 2019].

C'est la question fiscale qui provoque aussi les grands troubles du XVIe siècle : en 1548, la révolte des Pitauds, partie du Poitou, touche les provinces voisines, Périgord, Limousin puis Bordelais. Le motif initial est l'imposition de la gabelle dans une région productrice de sel qui jusque-là ne la payait pas, mais progressivement l'éventail des revendications, reprises dans de véritables cahiers de doléances, s'élargit : c'est aussi l'impôt direct qui est visé. Puis, au XVIIe siècle, sous les cardinaux-ministres et sous Louis XIV, où les guerres incessantes exigent toujours plus de ressources, la charge fiscale s'accroît comme jamais, provoquant de grandes révoltes rurales : c'est le temps des Croquants dont les révoltes embrasent successivement plusieurs régions de France [Porchnev, 1948].

De Louis XIV à Louis XVI, sous les coups de la répression et du perfectionnement de l'administration, les grandes révoltes antifiscales régionales laissent la place à de multiples révoltes plus localisées. Les dépenses de la guerre de Sept Ans (1756-1763) et celles du soutien à la guerre d'indépendance américaine (1778-1783) accroissent la charge fiscale et pèsent lourd dans l'affaiblissement du pouvoir royal et le déclenchement de la Révolution. Et ceci d'autant plus que, en ce siècle, l'inégalité devant l'impôt est de moins en moins admise : la révolte populaire se lève aussi contre les exemptions fiscales dont les ordres privilégiés, noblesse et clergé, bénéficient.

La refonte fiscale issue de la Révolution française n'empêche pas la « longue survie des révoltes » contre les « contributions » [Delalande et Spire, 2010]. Quatre contributions directes (foncière, des portes et fenêtres, patente, personnelle et mobilière) touchent principalement les classes sociales aisées mais aussi des classes populaires qui possèdent une terre ou une modeste masure : en 1841, la volonté du pouvoir de faire rendre au maximum l'impôt sur les portes et fenêtres et d'envoyer des agents du fisc faire les recensements nécessaires entraîne une flambée de révoltes surtout dans le sud, de Toulouse à Clermont-Ferrand [Caron, 2002]. Sous la IIe République naissante, la hausse exceptionnelle dite des 45 centimes de la contribution foncière décrétée par le gouvernement provisoire en mars 1848 enflamme des centaines de villes et villages, surtout dans le Midi de la France.

Quant aux contributions indirectes, leur part ne cesse de croître : en 1880, plus de la moitié des recettes fiscales provient des taxes sur la consommation, et 20 % des seules taxes sur les boissons. Les taxes sur le vin sont d'ailleurs derrière de multiples révoltes dans les campagnes, même si ce sont aussi des contributions directes qui sont visées [Delalande, 2011].

Par la suite, les révoltes antifiscales s'en prennent directement au gouvernement. Dans l'entre-deux-guerres, des organisations de classes moyennes très hostiles aux gauches de l'époque (radicaux, socialistes, sans parler des communistes) s'agitent. La Fédération des contribuables appelle à la manifestation du 6 février 1934 et le refus du paiement des assurances sociales et de l'impôt est au centre de l'action des Chemises vertes de Dorgères.

Mais la révolte antifiscale qui a marqué l'histoire récente est celle lancée par les commerçants et artisans emmenés par Pierre

Carte des gabelles en France en 1781

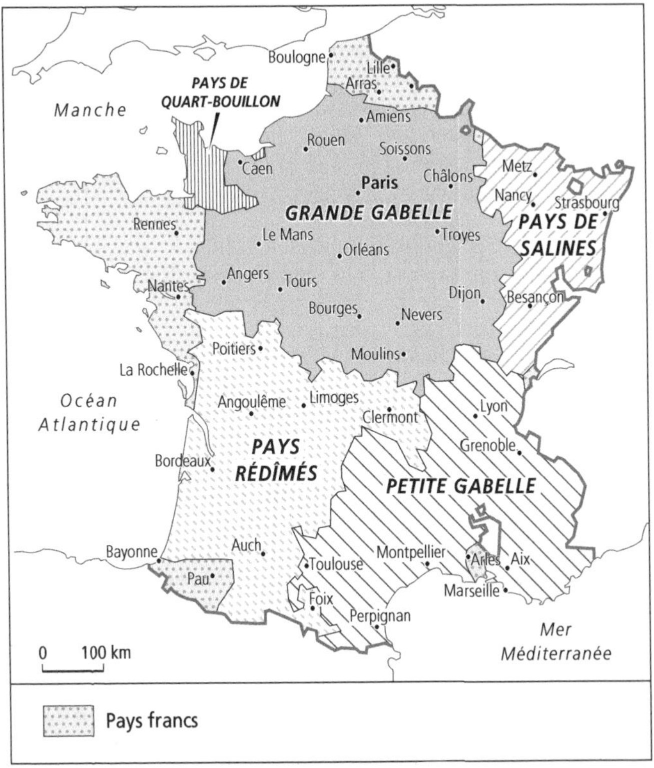

Les révoltes régionales ont empêché la royauté d'unifier le montant de la gabelle : par exemple, en Normandie, les Nu-pieds (1639) ont réussi à imposer une faible taxe sur le sel (dite de « quart-bouillon ») ; l'Aquitaine, à la suite de plusieurs révoltes dont celles des Pitauds (1548) et des Croquants (1637), a obtenu une gabelle « rédîmée », très réduite. La Bretagne est exemptée depuis son rattachement au royaume (1532).

Source : d'après la carte des gabelles en France figurant dans le *Compte rendu au roi* de Jacques Necker à l'intention de Louis XVI (Imprimerie royale, Paris, 1781).

Poujade de 1953 à 1957 : derrière la chasse aux agents du fisc se profile le refus d'une partie de la France rurale et des petites villes des transformations rapides des Trente Glorieuses. Cette révolte des « indépendants » est renouvelée entre 1969 et 1975 par le CID-Unati du cafetier-restaurateur de l'Isère Gérard Nicoud, qui mène une guérilla contre les « brigades spéciales de contrôle » et les perceptions [Delalande et Spire, 2010].

Lors des deux révoltes antifiscales — Bonnets rouges puis Gilets jaunes — qui ont marqué le début du XXIe siècle, une taxe écologique a servi de détonateur.

Contre la centralisation étatique, pour la défense de territoires

La plupart des grandes révoltes à tonalité fiscale visent à défendre des autonomies avec leurs exemptions fiscales, en particulier pour la gabelle. Telle est la révolte des Tuchins en Languedoc au XIVe siècle, des Pitauds du Sud-Ouest au XVIe, de même que les grandes révoltes rurales du XVIIe siècle dans le Sud-Ouest encore, en Normandie ou chez les « Sabotiers » de Sologne, en Cornouailles lors de la révolte des Bonnets rouges (1675).

Aux XXe et XXIe siècles, le sentiment régionaliste cimente aussi certaines révoltes comme celle des vignerons du Midi en 1907, ou bien encore celle des Bonnets rouges en 2013.

D'autres révoltes récentes s'insurgent contre des politiques publiques à dimension écologique qui impactent fortement des territoires : c'est le cas du combat du Larzac [Terral, 2017], mais aussi, presque contemporain, celui des habitants de Plogoff [Simon, 2010] en Bretagne qui refusent l'implantation d'une centrale nucléaire. Telle est aussi la mobilisation contre le projet d'aéroport de Notre-Dame-des-Landes (2008-2018) ou celle contre le barrage de Sivens [Lefetey, 2015] dans le Tarn en 2014 [Subra, 2016].

Contre l'insécurité alimentaire : les révoltes frumentaires

La composante frumentaire des révoltes au Moyen Âge est souvent associée aussi à d'autres causes. Ainsi Provins connaît-elle de telles révoltes en 1316, 1330 et 1348, sur fond de crise de la draperie et de déclin des « foires de Champagne ». Deux siècles plus tard, la disette est à l'origine de la « Grande Rebeyne » de Lyon en 1529 contre les bas salaires et la hausse des prix du grain.

Encadré 5. L'émeute de Buzançais

« Mon Général,

[...] Le 13 janvier, des voitures de grains furent arrêtées par une troupe de malveillants, mises en séquestre sur la place du marché et placées sous la garde de quelques-uns d'entre eux. Des groupes menaçants se répandirent dans la ville en criant : "Le blé à 3 francs le double décalitre, la journée à 30 sous !!" Le maire affirme qu'avec 25 hommes armés il se fût fait fort de dissiper les attroupements et de prévenir les désastres qui ont suivi. La nuit, les émeutiers allumèrent des feux sur la place et bivouaquèrent, se concertant pour l'exécution de leurs projets du lendemain.

Le 14, les émeutiers sonnent le tocsin, pillent un moulin, saccagent quatre maisons particulières et tentent d'y mettre le feu. Un habitant en se défendant tue un chef des émeutiers, il est aussitôt massacré. Dans la matinée le maire, privé de la présence de ses deux adjoints, avait en vain essayé de calmer l'irritation de la multitude ; sa voix n'avait point été écoutée. Il avait fait appel à la garde nationale : *trois hommes* appartenant à la Compagnie des pompiers obtempérèrent seuls à cet ordre. Abandonné de tous, cet administrateur, vieillard de 75 ans, avait été forcé par la multitude de faire la répartition des voitures de grains mises la veille en séquestre. [...]

Le Lt-Colonel du 73e, commandant la colonne de troupes en marche, Bousquet. »

Source : Lejeune [2017].

À partir du XVIIIe siècle, les révoltes frumentaires peuvent être vues comme dirigées d'abord contre la liberté de circulation des grains, comme la défense d'une « économie morale de la foule », d'un droit naturel qui s'oppose au libéralisme économique [Thompson, 1971 ; Tilly, 1972].

La révolte des Masques armés (1782-1783) dans les Cévennes, le Vivarais et le Gévaudan révèle la complexité de ces révoltes et de leurs cibles : causée par la disette et le prix élevé du grain, elle est le fait de paysans pauvres ou ruinés qui s'en prennent aux gens d'affaires, aux gens de justice, aux notaires, attaquent leurs maisons, leurs études, brûlent les dossiers. Les paysans les dénoncent comme responsables de leur ruine, les accusent d'être à l'origine de procès ruineux pour non-paiement de redevances ou de prérogatives seigneuriales [Ado, 1996]. Mais, à l'origine de cette révolte, il y a aussi l'absence d'arène publique où les paysans puissent se faire entendre [Cohen, 2010b].

Les révoltes frumentaires connaissent un nouveau pic en 1788-1789 après de très mauvaises récoltes dues aux calamités naturelles. L'émeute du faubourg Saint-Antoine contre le manufacturier Réveillon les 27 et 28 avril 1789 est certes un mouvement insurrectionnel de salariés, mais est aussi motivée par la pénurie et le prix élevé du pain. Tout au long de la Révolution française, l'intervention politique des sans-culottes parisiens est souvent liée à des questions frumentaires [Rudé, 1982].

La dernière grande crise frumentaire a lieu en 1846-1847 [Bourguinat, 2002]. Des émeutiers se livrent à des pillages de boulangeries, des entraves à la sortie de grains, des agressions contre des marchands de grains en gros accusés d'augmenter leurs prix.

Contre l'insécurité des personnes et des biens

Des révoltes se lèvent quand l'autorité protectrice n'assure pas son rôle social. Les grandes révoltes antiseigneuriales de la guerre de Cent Ans, à commencer par la Grande Jacquerie, sont directement liées à la nécessité pour les populations d'assurer leur défense contre les bandes de soudards et contre des seigneurs prédateurs.

L'insécurité, c'est aussi la guerre elle-même. Longtemps à l'origine de l'accroissement des impôts, la guerre demande des hommes jeunes, recrutés plus ou moins de force, et qui souvent résistent, donnant lieu à des émeutes et révoltes locales. De grandes révoltes contre la conscription éclatent pendant la Révolution.

Contre l'insécurité sociale

Dans l'époque contemporaine, en France, les révoltes contre l'insécurité concernent avant tout des insécurités d'ordre social, et les révoltés réclament des protections de la part de l'État. Tel est le cas de nombreuses révoltes paysannes, depuis celle de 1907 jusqu'à celles des producteurs de lait en 2009 ; telles sont celles d'ouvriers qui voient leur entreprise, voire leur secteur d'activité menacés ou fermés, comme les sidérurgistes lorrains (1979) ou nombre de salariés d'entreprises privées diverses. Mais c'est aussi, entre bien d'autres, la révolte des femmes victimes de violences : elles réclament de la police, de la justice, du législateur, un réel soutien.

Les révoltes des « sans » (-papiers, -logement, -emploi) s'élèvent aussi contre l'insécurité de la vie quotidienne. Les luttes des travailleurs précaires « ubérisés » pour acquérir un statut de salarié vont dans le même sens.

Contre les atteintes aux droits coutumiers, aux acquis, aux modes de vie et de travail

L'usage des communaux et des forêts. — Défendre les communaux pour la pâture des bêtes et l'usage des forêts est un enjeu majeur de l'époque médiévale à la Révolution et au-delà. En 1827, un nouveau code forestier permettant à l'État d'organiser l'exploitation rationnelle des forêts avec des entreprises privées provoque de nombreux conflits. Dans les Pyrénées, des paysans mènent de 1829 à 1872 une véritable guérilla dite « guerre des Demoiselles » — car certains se déguisent en femmes — pour préserver leurs droits [Sahlins, 1994].

Le bris de machines. — En France, dès 1788, en Normandie, 2 000 ouvriers de Falaise, armés de bâtons, se mobilisent pour détruire une nouvelle machine à filer le coton. En 1819, à Vienne, dans l'Isère, des ouvriers et maîtres tondeurs s'opposent à l'introduction d'une machine qui « offre les pernicieux moyens de tondre, lustrer et brosser mille aunes de drap par douze heures, étant conduite par quatre hommes seulement ». Aux cris d'« À bas la tondeuse », ils la cassent et jettent les débris dans la rivière. Jusqu'en 1830, on assiste à des actes similaires dans tout le Midi lainier ; dans d'autres secteurs aussi, des révoltes éclatent : dans l'imprimerie, des presses mécaniques sont brisées à Paris en 1830 et 1848. Ce « luddisme », pour reprendre le terme d'origine anglaise, s'inscrit dans la défense du gagne-pain mais aussi dans une culture du métier artisanal [Jarrige, 2009 ; 2012 ; 2014]. Ces révoltes expriment, à leur façon, un rejet de l'économie capitaliste de marché libre qui se met en place, au nom d'une « économie morale » qui doit respecter le bien-être économique d'une communauté [Thompson, 1991].

Contre la mise en chômage, pour des salaires et des conditions de travail décentes

Du XVIe au XIXe siècle, dans les colonies, de nombreuses révoltes se sont levées contre le travail servile, imposé par la déportation, la contrainte et la violence extrême.

Avec les révolutions industrielles du XIXe siècle, de nouvelles révoltes ont lieu en France qui s'inscrivent dans un nouveau combat, contre la précarité de la vie ouvrière d'abord. Pour Alain Faure [1974], dans la période 1830-1834, « le niveau de l'emploi constitue l'élément moteur de la revendication ouvrière de cette époque, revendication aussi bien professionnelle que politique ». En juin 1848, c'est la fermeture des ateliers nationaux qui emploient des milliers de chômeurs qui provoque l'insurrection ouvrière. Plus près de nous, les grèves défensives des mineurs qui voient les puits fermer (1963-1990), la révolte des Lip (1973-1977), celle des métallurgistes lorrains en 1979, celles des ouvriers de l'automobile dans les années 1980 et de salariés de multiples entreprises de tous secteurs dans les décennies suivantes adviennent, souvent avec l'énergie du désespoir, contre les patrons et dénoncent les promesses trompeuses qu'employeurs ou gouvernement ont pu faire.

L'autre grande cause de révoltes porte sur les salaires [Perrot, 1984]. Au XIXe siècle, très souvent, les patrons les réduisent brutalement, faisant immédiatement payer aux salariés les fluctuations du marché, provoquant la révolte des Canuts (1831 et 1834), celle des mineurs d'Anzin (1833) ou de Decazeville (1886), celle des boutonniers de Méru (1909).

Des conditions de travail soudain ressenties comme insupportables entraînent aussi des révoltes comme celles des mineurs, qui peuvent s'exprimer à travers diverses revendications (temps de travail et de repos, salaire) ou plus directement comme dans le bassin minier du Pas-de-Calais après la catastrophe de Courrières (1906). L'explosion gréviste de 1936 est en partie une révolte ouvrière contre la pression exercée par les contremaîtres dans les ateliers à la faveur de la crise. Les OS révoltés des années 1960-1970 s'insurgent aussi contre les cadences, des conditions de travail épuisantes de plus en plus souvent en équipe, le mépris affiché par certains « surveillants », « contrôleurs » ou contremaîtres [Vindt, 2006].

Révoltes à caractère religieux

La grande hérésie dite des Albigeois (ou Cathares) a donné lieu à un conflit armé contre l'Église et le pouvoir royal au début du XIIIe siècle. Si des milliers de paysans et d'artisans y ont participé, la défense de leur religion s'inscrivait dans un combat seigneurial entre le comte de Toulouse et le pouvoir royal. Dans d'autres pays, la révolte des Travailleurs anglais (1381) a une forte coloration religieuse. La guerre des paysans germaniques (1493-1525) est un combat religieux et social.

Pendant les guerres dites de Religion, c'est la noblesse de la Ligue catholique qui s'appuie sur des émeutes populaires, comme lors de la Saint-Barthélemy (1572). En revanche, sous Louis XIV, après la révocation de l'édit de Nantes (1685) et l'élimination par le pouvoir des pasteurs, des milliers de paysans et artisans des Cévennes, les « Camisards », sous la houlette de « prophètes inspirés », prennent les armes pour défendre leur religion (1702-1704) [Joutard, 1976] : c'est là une véritable révolte populaire religieuse, sans tutelle des classes dirigeantes. Pendant la Révolution française, la défense des prêtres réfractaires a un caractère local ou régional où l'attachement des populations à leur religion et leurs prêtres est un moteur de la résistance. Il en est de même, dans une moindre mesure, sous la IIIe République, lors des émeutes qui se produisent contre la loi de 1905 et les Inventaires des biens de l'Église [Mayeur, 1966].

Révoltes politiques contre le pouvoir local ou central

Du Moyen Âge aux temps modernes, les révoltes politiques visent avant tout les pouvoirs locaux : seigneur, patriciat local, gouverneur ou intendant des provinces. Mais, dès le Moyen Âge aussi, des révoltes s'en prennent directement au pouvoir royal. Analysant les révoltes en Italie, en France et dans les Flandres de 1200 à 1425, Samuel K. Cohn [2006] estime que les révoltes populaires expriment, derrière des revendications matérielles, d'abord une « soif de liberté » face aux autorités.

Mais c'est la Révolution française qui voit la révolte des classes populaires, paysans, artisans et ouvriers des villes faire massivement irruption dans les bouleversements politiques de 1789 à 1795. Après la prise de la Bastille, la « Grande Peur » et le soulèvement des campagnes entraînent l'« abolition des privilèges » lors de la nuit du 4 août. En octobre 1789, ce sont des femmes du petit peuple de Paris qui ramènent le roi de Versailles à Paris. En juin 1792, la foule envahit les Tuileries ; le 10 août 1792, une insurrection populaire renverse la monarchie ; en avril-mai 1795, les mobilisations contre le pouvoir en place après la chute de Maximilien Robespierre ont des causes frumentaires et politiques, mais l'insurrection échoue et c'est la fin du rôle des révoltes populaires parisiennes dans la Révolution [Rudé, 1982]. Dès lors, les révoltes des classes populaires vont jouer un rôle majeur dans les insurrections (1830, 1848, 1871).

Une fois installée, la IIIe République doit faire face, sporadiquement, à des flambées d'antirépublicanisme ou d'antiparlementarisme, à commencer par le mouvement boulangiste. Dans l'entre-deux-guerres, l'antiparlementarisme virulent des « ligues » d'extrême droite mais aussi de membres de mouvements divers (d'anciens combattants, des contribuables, des paysans dorgéristes) conduit à s'en prendre à la « Gueuse » (la République) et aux parlementaires, le 6 février 1934 étant le point culminant de cette agitation. Sous la IVe République, on retrouve cet antiparlementarisme et l'aspiration à un pouvoir fort dans la révolte des partisans de l'Algérie française.

En mai 1968, une minorité révoltée d'étudiants et d'ouvriers espère s'engager dans un processus révolutionnaire. Au XXIe siècle, le mouvement des Gilets jaunes, exprimant une défiance envers la classe politique, s'attaque rapidement au chef de l'État et formule la revendication unificatrice d'une souveraineté populaire à travers le référendum d'initiative citoyenne, le « RIC ».

Les révoltes anticoloniales sont bien évidemment avant tout des révoltes politiques, même si leur point de départ est souvent matériel (expulsion des autochtones des meilleures terres, travail forcé, etc.) et culturel (mépris pour les mœurs, les coutumes, la religion).

Au-delà de revendications de toutes natures, le sentiment d'être méprisés par les élites alimente les révoltes. Les « jeunes des quartiers » comme les « Gilets jaunes », à l'instar de bien des « Croquants » de naguère ou des ouvrières et ouvriers des chaînes de montage, expriment une soif de respect et de reconnaissance de la part du pouvoir local ou national.

III / Qui se révolte ?

Les contours du peuple révolté sont d'abord dessinés par les élites qui en parlent, y font face, le répriment : c'est, jusqu'au milieu du XVIIIe siècle, un peuple marqué par l'animalité, aux comportements irrationnels et brutaux ; puis l'approche change avec une compréhension des rapports économiques vécus par le peuple ; par la suite, le peuple révolutionnaire est redouté, tout comme le peuple-prolétariat, force d'émancipation. Au XXIe siècle, on retrouve cependant une vision du peuple irrationnel dans la représentation des jeunes émeutiers de banlieue [Cohen, 2010a]. Mais pas dans celle des Gilets jaunes. C'est que les représentations du peuple restent fortement liées aux rapports économiques et sociaux.

À propos des révoltes rurales du XVIIe siècle, Yves-Marie Bercé [1974] souligne : « Ce ne sont jamais des misérables qui prennent les armes, mais des bien-tenants, des petits notables qui craignent pour leur avenir [...]. Le ressort de la révolte n'est pas la misère mais l'injustice. » Quand la révolte tourne en révolution, c'est encore plus vrai : « Les combattants de 1830 et de 1848 n'ont pas été recrutés parmi des individus désespérément pauvres et n'ayant rien à perdre, mais plutôt parmi les artisans et les ouvriers qualifiés de la ville », selon l'historiographie de la période [Cohen et Guilhamou, 2010]. Ce qui ne veut pas dire que, une fois la révolte enclenchée, les plus modestes n'y prennent pas part.

Le peuple des campagnes

La France a été jusqu'au début des années 1930 un pays majoritairement rural. En 1789, sur 28 millions d'habitants, 23 millions sont des ruraux (82 %), 19 millions vivent de l'agriculture [Moulin, 1988]. Et pourtant, selon le recensement de Jean Nicolas, les villages ne connaissent pas plus de révoltes que les villes où la densité de population et les solidarités de métiers facilitent les rassemblements.

À la campagne, la révolte voit souvent se lever l'ensemble d'un village, voire d'une contrée. « La dimension collective est en outre renforcée par le principe solidaire qui préside au prélèvement de la taille. La contrainte solidaire imposée aux paysans découle en effet du principe de répartition de cet impôt — chaque communauté étant chargée de collecter ce qui lui est demandé [...]. La dimension communautaire de la révolte rurale se traduit également par une participation des cadres de la société rurale, clergé et noblesse » [Aubert, 2015].

La question de la révolte de l'ensemble ou non de la société rurale est aussi au centre de la controverse qui oppose entre 1958 et 1967 Roland Mousnier [1958] et Boris Porchnev [1948]. L'historien soviétique voit dans les révoltes de l'époque moderne une révolte de classe contre l'ordre féodal et la coalition des classes dominantes (noblesse, clergé, bourgeoisie) ; pour lui, la monarchie s'appuie sur une nouvelle noblesse de robe, sur des officiers issus de la bourgeoisie qui se « féodalisent ». Roland Mousnier, lui, y voit bien plus une résistance de la société féodale, souvent toutes classes confondues, sur une base territoriale, à la montée en puissance de « l'État de monarchie absolue [qui] disloquait le groupe seigneurial, rompait ou affaiblissait les liens d'homme à homme qui en étaient l'essence, en insinuant à chaque instant sa justice, ses lois, son fisc, son armée, entre les nobles et leurs hommes ».

Dans l'étude de Jean Nicolas [2002], si l'action unit des catégories sociales diverses, des pauvres jusqu'à quelques nobliaux ou le curé de la paroisse, le gros des troupes est formé de paysans de toutes catégories mais aussi d'autres métiers de la campagne, les « groupes à risques » identifiés par les forces de l'ordre : bûcherons, scieurs, charbonniers, forgerons, carriers, tonneliers, charretiers, mariniers, verriers, saisonniers divers.

Lors de la guerre des Camisards, qui a une cause religieuse au premier chef, les combattants et les « prophètes » qui les dirigent se recrutent dans la petite paysannerie et les artisans ruraux. La Grande Peur de juillet 1789 est clairement celle d'une paysannerie.

L'insurrection vendéenne en 1793 puis les chouanneries qui lui succèdent sur l'autre rive de la Loire et en Bretagne jusqu'en 1799 ont vu la mobilisation de tout un peuple des campagnes qui s'insurge contre la Constitution civile du clergé, la vente des biens nationaux aux bourgeois des villes, l'exécution de Louis XVI et surtout la levée en masse de 300 000 hommes pour l'armée. Ce sont les paysans vendéens eux-mêmes, souvent incités par des prêtres réfractaires, qui prennent les armes. C'est dans un deuxième temps que des nobles, rompus au métier des armes, vont s'appuyer sur ces insurrections pour combattre la Révolution [Bois, 1960 ; Tilly, 1970].

Aux XXe-XXIe siècles se lèvent aussi, sur un territoire, des révoltes paysannes brassant différents niveaux sociaux. La grande révolte des vignerons du Languedoc réunit en 1907 petits et gros qui reçoivent le soutien des édiles locaux [Pech, 2012]. C'est d'ailleurs souvent le cas dans la seconde moitié du siècle, avec le recul de la polyculture et la spécialisation très dépendante du marché, par exemple avec les producteurs de légumes bretons qui saccagent la sous-préfecture de Morlaix en juin 1961. Ce sont encore les gros et petits paysans mêlés, adhérents de la FDSEA bretonne, nombreux parmi les Bonnets rouges, qui s'en prennent aux portiques de l'écotaxe en 2013.

Plus rares sont les révoltes qui ne mobilisent que des paysans modestes. Citons dans le Bas-Adour, au lendemain de la Grande Guerre, la révolte de métayers qui remettent en cause un statut qui les contraint à partager les récoltes avec le propriétaire [Bahus-Lescourret, 1999].

Des paysans révoltés peuvent aussi prendre part à un mouvement national de nature politique : ainsi les Comité de défense paysanne fascisants de Dorgères dans les années 1930, le mouvement des Paysans-Travailleurs après 1968 qui inscrit la révolte paysanne dans la lutte des classes [Lambert, 1970] ou la Confédération paysanne militant parfois par des opérations coups de poing et la désobéissance civique contre la malbouffe, pour une agriculture écologique et la souveraineté alimentaire [Bové et Dufour, 2000].

Le peuple des villes

Les révoltes urbaines de la fin du Moyen Âge pour la création ou le maintien d'une auto-administration communale sont fréquentes, de Calais en 1298 à Saint-Quentin en 1311. Mais, au même moment, naissent aussi des révoltes contre les oligarchies communales souvent à propos de la levée et la répartition de taxes locales ou royales, d'Arras en 1285 à Provins en 1281 et, en 1339, dans une multitude de cités du Midi. Monique Bourin [2008] précise : « On sait bien que pour passer de l'émoi à l'émeute, il est nécessaire (mais sans doute pas suffisant) qu'il y ait à la tête du mouvement des gens qui se connaissent et ont une certaine habitude d'agir ensemble, tisserands, foulons, bouchers. Et qu'on trouve un chef, rarement un menu, presque toujours un notable. De fait le plus souvent la révolte est soutenue, par contrainte ou par choix, par une partie des notables, de ceux qu'on désigne par l'expression "gens d'état". La foule grossit, femmes et enfants s'y adjoignent et toute une population émotive et qui n'a rien à perdre. »

Le peuple de Paris au temps des révolutions

Quelle partie du peuple de Paris a pris la Bastille le 14 juillet 1789 ? En 1790, l'Assemblée nationale a approuvé une liste officielle de 700 « vainqueurs de la Bastille ». Parmi eux l'emportent les gens de métiers tel Santerre, riche brasseur, ou Legendre, boucher et futur conventionnel. On compte environ 20 % de salariés parmi ces vainqueurs, qui travaillent en atelier ou en boutique, sur les chantiers où ils côtoient des journaliers précaires. Les salariés sont environ 40 % des participants à la prise des Tuileries le 10 août 1792. C'est lors des émeutes à caractère économique qu'ils sont largement majoritaires, comme lors de l'émeute Réveillon (avril 1789) ou lors du pillage des épiceries (1792-1793) : le souci du quotidien se mêle à la prise de conscience politique [Vovelle, 2000 ; Rudé, 1982]. C'est aussi le cas chez les femmes du peuple qui se mobilisent en octobre 1789 pour ramener de Versailles « le boulanger, la boulangère et le petit mitron » : il s'agit de lutter contre la disette, mais aussi de garder le roi sous la surveillance rapprochée du peuple de Paris. Le 20 mai 1795, les militantes envahissant la Convention réclament à la fois « du pain et la Constitution de 1793 » [Godineau, 1988]. Commerçantes, lavandières,

Encadré 6. Le sans-culottes, ce héros ?

« Ce qui distingue au vrai le sans-culotte peut être approché en termes de comportement, à partir des portraits antagonistes que nous livrent Albert Soboul [1958] et l'historien anglais Richard Cobb [1975]. Pour Soboul, la vision du monde du sans-culotte est marquée par l'idéal égalitaire (mais non collectiviste) du petit producteur indépendant, tel que sa tenue même le proclame, par son attachement aussi à la démocratie directe, celle de l'assemblée sectionnaire : là où est le sans-culotte avec sa pique, se trouve le peuple souverain. Enfin, le complément de l'égalitarisme est la fraternité en action, la défense du pain pour tous, la limitation des loyers, la limitation de la propriété. Un discours spartiate, mais qui se veut débarrassé des préjugés, dévoilant toutefois une solide phallocratie. Le sans-culotte dans son rêve d'unité est-il intolérant ? Richard Cobb l'affirme sur de bons arguments, insistant également sur la violence au moins verbale, mais aussi le conformisme, un fond d'ignorance qui génère une vigilance inquiète... Courageux, aimant aussi à parader, et cherchant à parvenir, le sans-culotte — vu par Cobb — ne résistera pas à l'usure du militantisme quotidien, et à la lassitude qu'il génère. Des deux portraits, [...] lequel est le plus authentique ? Ce n'est point prêcher un compromis bourgeois que de trouver dans chacun des traits pertinents, qui répondent aux ambiguïtés (on aurait dit hier aux contradictions vécues) du personnage. »

Source : Vovelle [2000].

travailleuses à domicile, fileuses des ateliers municipaux, domestiques, prostituées avancent aussi bien des revendications matérielles que des droits dus au « peuple souverain » [Godineau, 1986]. C'est si vrai que les hommes dirigeants s'efforcent rapidement de briser leur révolte, de les écarter de la vie politique [Martin, 2008].

Quant aux « sans-culottes » qui s'affirment en l'an II, d'après leur historien Albert Soboul [1958], ils sont pour une bonne moitié des producteurs indépendants, maîtres de l'artisanat et de la boutique, flanqués de salariés, généralement de statut supérieur, des compagnons, des « intermédiaires culturels » dont l'importance s'accroît à mesure que l'on s'élève de la participation occasionnelle au militantisme et à l'accès à des postes de responsabilité dans la hiérarchie sectionnaire. Le sans-culotte « type » est marié, ou vit en concubinage stable, il est père de famille, il a 41 ans en moyenne, tout comme le Parisien lambda [Vovelle, 2000].

Lors des Trois Glorieuses de 1830 se produit, selon William Sewell [1980], un tournant non pas tant dans la composition sociale du Paris populaire que dans la prise de conscience du

Encadré 7. Révolté, quel est ton nom ?

Ciompi, nous dit Alessandro Stella [1993], est une insulte à forte « connotation sociale » : ce sont ceux « qui faisaient les tâches les plus sales et répugnantes, les derniers dans l'échelle sociale ». En particulier les derniers dans l'échelle des travailleurs de la laine qui, à Florence, vivaient en périphérie, entre la première et la deuxième enceinte construite autour de 1300. Les révoltés ont souvent été ainsi affublés de termes méprisants par les classes dominantes : les « Jacques », comme Jacques Bonhomme, figurent le paysan lourdaud, tout comme les « Croquants » ou les « Rustauds » ; « Lustucru », révolté du Boulonnais en 1662, viendrait d'un personnage de théâtre niais. Mais les révoltés s'identifient aussi eux-mêmes, souvent par des signes vestimentaires usuels : Bundschuh (d'après la chaussure à lacets germanique), Bonnets rouges, sans-culottes (qui portent des pantalons et non les culottes des nobles), Gilets jaunes.

monde de l'atelier d'appartenir à un même « peuple », par-delà la solidarité qui pouvait exister au sein de chaque métier. En juin 1832, la révolte parisienne antigouvernementale est surtout le fait des ouvriers chômeurs ou employés dans l'artisanat parisien de toutes professions [Faure, 1974 ; Bouchet, 2012]. Cependant, lors de l'insurrection ouvrière de juin 1848, autant il y a des groupes de métiers divers qui se retrouvent unis dans la lutte — mécaniciens, cheminots, métallurgistes, ouvriers du cuir, du bâtiment, tailleurs, ébénistes, cordonniers... —, autant d'autres, moins bien organisés et dépendant parfois des privilèges et des règlements que leur consentait le gouvernement — domestiques, boulangers, travailleurs des industries alimentaires, ainsi que certaines catégories des travailleurs des transports — sont sous-représentés dans l'insurrection [Lees et Tilly, 1974].

Ce peuple parisien révolutionnaire connaît son chant du cygne lors de la Commune de 1871. On peut l'estimer à 540 000 « industrieux », soit, avec leur famille, pas loin des trois quarts des habitants de la ville : autant dire que le peuple travailleur de Paris est massivement un peuple de petits ateliers.

C'est ailleurs que de nouvelles révoltes se lèvent qui sont moins des révoltes urbaines que des révoltes ouvrières, même si l'identité de la ville joue un rôle, comme c'est déjà le cas de la révolte des Canuts lyonnais dans les années 1830 [Frobert, 2012], ainsi que lors des révoltes dans les agglomérations minières (Anzin, Rive-de-Gier, Decazeville, etc.).

La mythologie révolutionnaire de Paris reste cependant par la suite très présente. En mai 1968, les étudiants réinventent un quartier Latin révolutionnaire : mais ce n'est plus là le peuple parisien qui s'insurge, même si les étudiants sont rejoints par de jeunes ouvriers et employés dès la nuit des Barricades, le 3 mai [Bantigny, 2018].

Par ailleurs, des révoltes urbaines renaissent avec virulence et violence à partir des années 1980 dans les « quartiers » déshérités, souvent dans les banlieues des villes, émeutes urbaines exprimant une profonde révolte portée par les jeunes, qui perdure depuis plusieurs décennies.

Les révoltes ouvrières aux XIXe-XXe siècles

Mais les révoltes qui marquent les XIXe et XXe siècles sont les révoltes ouvrières. Si le terme « ouvrier » est d'abord employé souvent indifféremment pour désigner le compagnon d'atelier, ou bien l'ouvrier en chambre, c'est la concentration de « prolétaires », d'« ouvriers » et leur révolte redoutée qui fixent le terme. Le publiciste Saint-Marc de Girardin réagit ainsi à l'insurrection des ouvriers de la soie lyonnais dans le *Journal des débats* du 8 décembre 1831 : « La sédition de Lyon a révélé un grave secret, celui de la lutte intestine qui a lieu dans la société entre la classe qui possède et celle qui ne possède pas. Notre société commerciale et industrielle a sa plaie comme toutes les autres sociétés ; cette plaie, ce sont ses ouvriers. » Préoccupé lui aussi mais d'une autre manière, le docteur Villermé dresse en 1840 un « Tableau de l'état physique et moral des ouvriers employés dans les manufactures de coton, de laine et de soie ».

L'historienne Rolande Trempé a dressé quant à elle un portrait des mineurs de Carmaux au XIXe siècle, venus « des régions les moins riches du Tarn », paysans qui progressivement, au fil de quatre décennies, deviennent « professionnellement des mineurs, socialement des ouvriers, politiquement des contestataires du système économique et social dans lequel ils sont intégrés » [Trempé, 1971] : ce sont 2 500 de ceux-là qui déclenchent en 1900 une grève de soixante-quatre jours qui se termine par un échec.

Mais les mineurs ne sont pas les seuls à exprimer vivement leur révolte : ainsi les porcelainiers de Limoges en 1905, les travailleurs des Sablières de Draveil en 1908, etc. Si, depuis le début du XXe siècle, le syndicalisme ouvrier encadre plus étroitement les mouvements ouvriers, il n'en reste pas moins que la révolte sourd et éclate en grève générale en 1936, rassemblant toutes catégories de salariées et salariés, dont certains et plus encore certaines n'ont jamais exprimé leur révolte, comme les employées de maison ou les employées des grands magasins. Pendant la Seconde Guerre mondiale, des groupes ouvriers participent à cette profonde révolte qu'est la Résistance, organisés la plupart du temps par des militants communistes à partir de l'été 1941. Après la Seconde Guerre mondiale, des révoltes renaissent avec les premières reconversions industrielles puis avec le processus de désindustrialisation. La révolte nouvelle qui a marqué l'après-1968 est d'abord celle des ouvrières et ouvriers spécialisés des usines taylorisées, souvent jeunes, souvent immigrés, qui s'insurgent contre les conditions de travail, le mépris ressenti de la part de la maîtrise d'atelier : l'ouvrier spécialisé, femme et homme, devient l'archétype du prolétaire révolté.

Les révoltes des classes moyennes indépendantes

Des classes moyennes indépendantes, des artisans, petits patrons, petits commerçants, généralement hostiles au mouvement ouvrier mais aussi à la bourgeoisie aisée et aux intellectuels, forment les gros bataillons d'organisations protestataires comme la Ligue des contribuables dans l'entre-deux-guerres. Mais les moments les plus forts dans leur mobilisation en tant que groupe social interviennent avec le mouvement Poujade (1953-1962) — voir encadré 8 — puis avec le CID-Unati de Gérard Nicoud (1969-1971).

Des groupes sociaux non professionnels

On retrouve les classes moyennes modestes dans de nombreux mouvements sociaux et révoltes, mais pas ès qualités, et souvent mêlées à d'autres catégories sociales populaires, des partisans du général Boulanger aux Gilets jaunes.

Parmi les manifestants boulangistes arrêtés lors de heurts avec la police, les archives révèlent la présence de tonneliers, rémouleurs, bouchers, cafetiers, selliers, carrossiers, menuisiers,

Encadré 8. Le « poujadisme » vu par la revue *Esprit*

« Le poujadisme est une formule autoritaire pour classes moyennes — ces classes moyennes dont Auguste Comte écrivait, il y a plus d'un siècle, qu'elles faisaient le malheur de la France, et qui n'ont cessé de le faire, par leur malthusianisme, leur chauvinisme, leur fermeture à tous les courants de la vie moderne. Petit fascisme pour petits Français » (*Esprit*, mars 1956).

« Le mouvement actuel se situe en arrière sur presque tous les points : nous voyons les poujadistes défendre la betterave, l'alcoolisme, la "brouette", condamner la recherche scientifique, la Sécurité sociale, voire la jeunesse. Nous assistons à une résistance désespérée d'un passé qui veut commander l'avenir » (Alfred Sauvy, « La révolte des propriétaires », *Esprit*, avril 1955, p. 708-720).

ébénistes, cuisiniers, typographes, sommeliers, chapeliers, serruriers, agents des postes, employés de commerce, journalistes : un ensemble de couches moyennes modestes qui s'inscrit dans une tradition sans-culotte prompte à la révolte et sensible à la propagande antiprussienne, xénophobe et antisémite de la Ligue des patriotes [Garrigues, 2012].

Dans les années 1930, les anciens combattants de la Grande Guerre forment d'importants groupes de pression réunis dans des organisations d'obédiences diverses et dont plusieurs participent à l'émeute du 6 février 1934. Si l'on suit leur historien, Antoine Prost [1977], les anciens combattants sont massivement des républicains révoltés par les affaires de corruption et les faiblesses de la IIIe République radicale, aspirant à une union nationale par-delà les différences de classe sociale. Sociologiquement, ils représentent un peuple de la France provinciale et rurale, paysans, petites classes moyennes plutôt qu'ouvriers.

Un siècle plus tard, les Gilets jaunes regroupent dans une protestation économique, sociale et politique des hommes et des femmes retraités, employés salariés, indépendants qui se sentent abandonnés, davantage que des ouvrières et ouvriers [Jatteau, 2019].

Femmes en révolte

La présence des femmes est attestée dans bien des révoltes populaires depuis le Moyen Âge [Laffont, 2016]. Elles fournissent le gros des bataillons des émeutiers lors des troubles frumentaires.

L'on observe aussi que leur proportion est beaucoup plus importante en ville qu'à la campagne. Ces femmes révoltées exercent une activité professionnelle : petites boutiquières, blanchisseuses, vendeuses en tout genre, etc. Leurs activités peuvent aussi être conditionnées par celles de leurs époux : ainsi trouve-t-on des femmes d'artisans, de bateliers ou de marins, d'ouvriers, etc. La plupart sont mariées.

Les femmes sont aussi actives dans les révoltes antifiscales : en 1593, au Puy, elles attaquent les commis des tailles. À Montpellier, en 1645, a lieu la « sédition des femmes » déclenchée par une rumeur de taxe supposée être fonction du nombre d'enfants.

Au début de la Révolution, une manifestation de femmes entreprend de marcher sur Versailles pour ramener Louis XVI et sa famille dans la capitale.

Et les femmes de 1848, qui sont-elles dans les milieux populaires ? Des ménagères, des travailleuses des faubourgs et de la province, des petites-bourgeoises telles qu'institutrices, publicistes, sages-femmes..., engagées dans un salariat incertain, mais aussi des ouvrières du textile ou de la couture ; des femmes seules, célibataires ou séparées, et des mères de famille, soucieuses de l'éducation de leurs enfants ; des femmes pauvres, prostituées parfois, libérées de Saint-Lazare (prison parisienne des femmes) [Perrot, 1998].

L'historiographie de la Commune de Paris a mis en avant le rôle de quelques grandes figures féminines. Mais les femmes du Paris populaire prennent largement leur part, à commencer à travers leur rôle décisif le 18 mars pour empêcher la troupe de s'emparer des canons de Montmartre. Sur les 40 000 prisonniers que font les Versaillais après la semaine sanglante, un millier sont des femmes [Linton, 1997].

Les femmes participent ainsi à des révoltes politiques — comme c'est encore le cas dans la Résistance — ou à des révoltes sociales — leur présence remarquée dans le mouvement des Gilets jaunes contribue à souligner la profondeur de la révolte.

Les révoltes ouvrières sont aussi des révoltes d'ouvrières. Michelle Perrot [1978 ; 2012] a sorti de l'oubli Lucie Baud, militante syndicaliste des filatures de soie dans le Dauphiné, où elle mène des grèves à Vizille (1905) et Voiron (1906).

Un des signes de la profondeur de la révolte exprimée par les grèves de 1936 est la présence de salariées des services, des employées des grands magasins. En 1968, le reportage vidéo sur « la reprise chez Wonder » à Saint-Ouen nous montre une ouvrière révoltée qui refuse de reprendre le travail malgré la pression des syndicalistes [Willemont, 1968]. Les « Lip » en lutte, ce sont majoritairement des femmes, (même si leur *leader* est Charles Piaget). Tout comme dans des révoltes récentes contre des fermetures d'usines (thé Éléphant, dentellières).

Les femmes se révoltent aussi contre leur oppression en tant que femmes. L'histoire des révolutions est jalonnée de luttes pour défendre les droits des femmes. Ces révoltes se sont organisées dans les années 1970 autour du Mouvement de libération des femmes (MLF). Et, en 2018-2020, la révolte contre les agressions sexuelles s'est puissamment exprimée à l'échelle mondiale.

Révoltes de jeunes

De 1661 à 1789, Jean Nicolas recense environ 600 rébellions de jeunes seuls. Ce sont généralement des émeutes ponctuelles, suites de charivari, de troubles nocturnes, de fêtes. Les jeunes se révoltent aussi contre la conscription sous l'Ancien Régime, la Révolution ou l'Empire. Révoltes le plus souvent individuelles qui se manifestent par l'insoumission, elles prennent aussi parfois une forme collective. Pendant la Seconde Guerre mondiale, de nombreux jeunes de la classe d'âge censée partir en Allemagne pour le STO rejoignent la Résistance. On retrouve des rébellions de jeunes, principalement étudiants au XXe siècle, contre l'envoi du contingent en Algérie.

Les événements de mai-juin 1968 sont marqués par la révolte étudiante, rejointe par toute une jeunesse ouvrière pas mécontente d'en découdre avec la police lors des journées chaudes du quartier Latin. Ces étudiants ont une origine sociale beaucoup plus large que naguère, avec le début de la massification de l'enseignement supérieur : des enfants des petites classes moyennes et même de modestes employés et ouvriers ont rejoint l'université et participent aux luttes aux côtés de jeunes issus des classes aisées. Et cela est plus vrai encore dans les lycées où quelques grandes révoltes, parfois en commun avec les étudiants, marquent des générations successives, en 1986 contre le projet de loi Devaquet prévoyant une sélection à l'entrée de l'université ou en 2006 contre le contrat première embauche (CPE) [Lelièvre, 2019].

Mais, depuis la fin du XIXe siècle, la révolte de jeunes des classes populaires s'exprime surtout par le phénomène des bandes [Mohammed et Mucchielli, 2007], qui se veulent en marge de la société, se livrent à des provocations, des faits de petite délinquance, des émeutes parfois. À la Belle Époque, ce sont les « Apaches » comme les dénomme vite la presse. « L'Apache a trois haines : le bourgeois, le flic, le travail. » Beaucoup de jeunes délinquants se retrouvent dans des maisons de correction où des révoltes éclatent comme celles de 1887 à Mettray (Indre-et-Loire) ou à Aniane (Hérault) lors de la nuit de Noël 1898 [Perrot, 2007].

Aujourd'hui, et depuis des décennies maintenant, ce sont des émeutes récurrentes de jeunes dans de grandes cités qui expriment leur révolte contre une société d'exclusion où ils ne trouvent pas leur place. Certains sont aussi mobilisés aujourd'hui autour du comité Adama contre les violences policières. Quant à la révolte internationale de la jeunesse en faveur de politiques résolues pour lutter contre le dérèglement climatique, elle rassemble de larges pans de la jeunesse des lycées et des universités.

Révoltes de colonisés

Les révoltes dans les colonies englobent le plus souvent toutes les catégories sociales dominées. Contre l'esclavage, les « libres » de couleur ont été très actifs à Saint-Domingue. D'une manière générale, observe Audrey Carotenuto [2021], les révoltes d'esclaves ne rassemblaient pas seulement les plus exploités, bien au contraire : la base majoritaire et la plus défavorisée de la société esclavagiste que sont les « Noirs de pioche », ceux qui travaillent dans les champs, « résistait proportionnellement beaucoup moins que les "Noirs à talent", domestiques ou commandeurs qui tiraient profit d'une plus grande liberté de mouvement, d'un statut privilégié et du pouvoir qu'il implique ». Quant aux luttes de libération nationale contre la colonisation, elles ont été le fait de tout un peuple.

Les révoltés des « nouveaux mouvements sociaux »

Apparus au cours des années 1960, les nouveaux mouvements sociaux (NMS) agissent au nom d'idéologies renouvelées telles

Encadré 9. Qui vient à Nuit debout ?

« Depuis les premiers jours de Nuit debout, une trentaine de chercheurs en sciences sociales se sont relayés à Paris, place de la République. Nous y avons travaillé durant six soirées, entre le 8 avril et le 13 mai, de 17 heures à 22 h 30. Les 328 premiers questionnaires exploités dissipent déjà bien des idées reçues sur les gens "debout" au cours des premières semaines du mouvement.

Des jeunes ? Non. Les personnes présentes n'ont pas principalement la vingtaine. La palette des âges est en réalité très large et varie suivant les heures. Entre 18 heures et 18 h 30, par exemple, la moitié de la population a plus de 33 ans. Et une personne sur cinq a plus de cinquante ans.

Des hommes ? La population sur la place est bien aux deux tiers masculine. Cela peut s'expliquer en partie par le lieu — un espace public urbain — et les horaires tardifs, qui ne favorisent pas la présence des femmes, du fait de possibles engagements familiaux et de l'exposition au harcèlement de rue. La majorité des participants est diplômée du supérieur long (61 %), alors que ce n'est le cas que du quart de la population française. Mais l'image se brouille à y regarder de plus près : non seulement le taux de chômage est de 20 % parmi les participants, soit le double de la moyenne nationale ; mais on compte 16 % d'ouvriers, trois fois plus qu'à Paris, et autant que dans l'Île-de-France prise dans son ensemble.

Une fête a-politique ? Plus d'un tiers des personnes a participé à une manifestation contre le projet de loi El Khomri. La proportion des enquêtés déclarant avoir déjà été membre d'un parti politique est même remarquable dans un contexte de désaffection militante : 17 %. Et 22 % ont déjà cotisé à un syndicat. Les engagements citoyens, associatifs ou caritatifs sont également très représentés : plus de la moitié en ont eu un ou plusieurs (aide aux réfugiés, aux sans-papiers, maraudes, associations de parents, de quartier, défense de l'environnement, soutien scolaire, festivals, cafés associatifs, etc.). »

Source : Stéphane Baciocchi, Alexandra Bidet, Pierre Blavier, Manuel Boutet, Lucie Champenois, Carole Gayet-Viaud et Erwan Le Méner, *Reporterre, le quotidien de l'écologie*, 17 mai 2016.

que l'écologie, le féminisme, le pacifisme, la défense des droits de l'homme, des préférences sexuelles, le régionalisme, etc.

Les acteurs de ces mouvements, NMS et autres nouveaux mouvements, sont majoritairement issus des classes moyennes diplômées, certains bien installés matériellement dans la société, d'autres plus précaires. Ils ne se réclament pas d'une identité de classe, mais d'une identité définie par ce qu'ils combattent et ce à quoi ils aspirent. Ils peuvent, selon leur domaine d'action, agréger des milieux plus populaires, voire marginalisés (comme les militants des « sans » -papiers, -logement, -emploi, ou les prisonniers), ou des paysans, artisans, petits commerçants pour défendre un territoire [Neveu, 2019].

IV / Comment ? Les répertoires des révoltés

La notion de « répertoire d'action collective » a été élaborée par Charles Tilly [1986] : « Toute population a un répertoire limité d'actions collectives, c'est-à-dire de moyens d'agir en commun sur la base d'intérêts partagés. [...] Malgré la spontanéité qu'on associe parfois à l'idée de foule, les gens tendent à agir dans le cadre limité de ce qu'ils connaissent, à innover sur la base de formes existantes, et à ignorer toute une partie des possibilités qui leur sont en principe ouvertes. »

On peut associer cette notion de répertoire à celle de « culture populaire », faite de lieux de sociabilité où circule oralement l'histoire locale, de fêtes, de jeux, dans le cadre de vie du quotidien et du travail [Agulhon, 1975] et de la transmission — ou de la transformation — de cette culture dans l'espace et le temps. Perméables ou non à l'influence des élites, les répertoires de la révolte populaire sont souvent ritualisés, faits « de mots et de gestes » [Challet et Hermant, 2019].

La révolte en dernier ressort

Au Moyen Âge, beaucoup de communautés, après avoir reçu un refus des autorités face à leur revendication, engagent des procès dont elles ne sortent pas forcément vaincues, et beaucoup de conflits se résolvent grâce à un arbitrage accepté par les deux parties [Verdon, 2009]. La révolte n'intervient souvent qu'en cas d'absence d'interlocuteur, de lieu où se faire entendre ou de blocage, comme aujourd'hui face à des licenciements après des négociations qui échouent.

Encadré 10. *La France conteste* de Charles Tilly

Le livre de l'historien-sociologue américain, publié en français en 1986, la même année qu'aux États-Unis, « a exercé une influence profonde en France, et bien au-delà des historiens, non seulement par sa couverture d'une très longue période, mais surtout par ses thèmes porteurs : le répertoire d'action, la variété des formes de conflictualité, l'action collective, les mobilisations, les relations entre le changement social et l'État », écrivent en 2008 Michelle Perrot et Patrick Fridenson dans leur hommage à leur confrère disparu cette année-là. La notion de « répertoire d'action », l'apport de Tilly le plus retenu, ne se limite pas à la manière dont la contestation se manifeste et s'exprime, mais désigne un « ensemble d'interdépendances complexes associant protestataires, pouvoirs publics et publics », précise Olivier Fillieule [2010] dans une riche discussion des modèles élaborés par Tilly. *La France conteste* s'inscrit dans une œuvre où l'auteur cherche à construire, préciser, reformuler, affiner, voire remettre en question ses hypothèses. Ce livre, mêlant études de cas dans cinq régions de France et analyses modélisatrices, cherche à lier les actions et comportements des protestataires aux grandes mutations de la société : « Nous savons qu'une ère nouvelle a commencé [...] lorsque, dans sa lutte, le peuple recourt à des moyens nouveaux. » Ainsi, les « répertoires d'action collective » permettraient une périodisation pertinente de la nature des conflits. Par exemple, en France, le milieu du XIXe siècle constituerait un tournant, avec des mouvements contestataires fortement politisés, à l'impact national, de mieux en mieux organisés.

L'appel à la révolte

Les modalités de déclenchement de la révolte sont diverses. Elles sont liées initialement, plus qu'aux causes profondes, à l'étincelle qui réveille ces causes et à l'enchaînement des événements qui permettent au feu de s'allumer et de se propager.

Souvent, quand elle se lève sans être préparée, la révolte survient lors d'un incident mineur : ainsi, la révolte des Maillotins à Paris en 1382 advient quand une marchande, à laquelle les agents du fisc réclament une nouvelle taxe, ameute tout le marché. Les émeutes de jeunes de banlieue surviennent souvent à la suite d'un contrôle de police qui tourne mal. On a vu des émeutes et révoltes naître à l'occasion d'un événement qui, au départ, est festif [Bercé, 1976] : le plus célèbre est la mascarade qui dégénère en lutte des classes sanglante lors du carnaval de Romans, sorti de l'oubli par Emmanuel Le Roy Ladurie [1979].

Encadré 11. La « Grande Rebeyne » de Lyon

« L'on fait assavoir à toutes gens de la commune de la ville de Lyon,

Premièrement à tous ceux qui ont désir de soustenir le bien public, pour répugner la malice et fureurs des faux usuriers, plaise vous à avoir regard comme le détriment du blé nous tombe sus sans l'avoir mérité, à cause de leurs greniers pleins de blé, lesquels ils veulent vendre à leur dernier mot, ce que n'est de raison ;

Et si Dieu n'y met la main, il faudra en jeter en l'eau tant y en a, et ainsi, vu la grâce Dieu et la bonne disposition du temps et qu'il ne se fait nuls amas de blé pour la guerre, et en outre que justice favorise avec gens gouverneurs et conseillers, usuriers et larrons, y mettre ordre ;

Feignant user dignité, ils nous rongent de jour en jour, comme par vérité le voyez devant vos yeux advenir la cherté dudit blé et autres denrées, qui est chose vile et infâme ; par quoi à l'exemple des autres bonnes villes, que toute la commune soit délibérée y mettre bon ordre, telle que l'en fait au blé avant qu'on l'ôte de la paille, c'est qu'on le bat et escoux. Il nous faut faire ainsi à ces maudits usuriers et à ceux qui ont greniers et enchérissent le blé. Sachez que nous sommes de quatre à cinq cents hommes, que nous sommes alliés ;

Faisons savoir à tous les dessus-dits qu'ils aient à se trouver dimanche, après-midi, aux Cordeliers, pour donner conseil avec nous d'y mettre ordre et police, et ce sans faute, pour l'utilité et profit de pauvre commune de cette ville de Lyon et de moi.

Le Pôvre »

Source : affiche apposée en avril 1529 lors de la « Grande Rebeyne » de Lyon, Archives municipales, cité in *Histoire du Lyonnais par les textes*, Archives du Rhône, 1962, p. 69-70.

L'extension rapide de la révolte est un facteur clé de sa réussite. Si le bouche à oreille, l'envoi de messagers, le déplacement du noyau initial qui va de village en village, de quartier en quartier, de puits de mine en puits de mine, d'usine à usine, de lycée en lycée pour grossir les rangs des révoltés reste une pratique de proximité, les moyens de communication de chaque époque sont mis à contribution : au Moyen Âge — et au-delà —, on sonne le tocsin [Hamon, 2019]. L'imprimerie joue son rôle dans les révoltes populaires, permettant d'apposer une affiche imprimée ou de diffuser un libelle : ainsi en est-il des « douze articles » rassemblant les revendications religieuses et sociopolitiques des révoltés germaniques, rédigés en mars 1525, qui connaissent de multiples réimpressions et versions, témoignant d'une expansion territoriale en deux mois, du Tyrol à l'Alsace. L'écrit participe aussi fortement à la mobilisation qui mène à la Révolution française. À partir du XIXe siècle, presse, tracts, affiches, etc. propagent la révolte. Les moyens de télécommunication, télégraphe puis téléphone filaire, aujourd'hui téléphones portables et réseaux numériques, jouent aussi leur rôle dans tous les pays (Iran, printemps arabe, etc.) [Faris, 2012]. Les appels qui initient la révolte des Gilets jaunes puis l'entretiennent et l'organisent sont passés aussi par les réseaux sociaux [Ertzscheid, 2019 ; Glance, 2018 ; Loubère *et al.*, 2019].

Les chefs de la révolte

Il est des révoltes soigneusement préparées, dont les réseaux de propagation sont préétablis.

Ainsi, en Italie, à Florence, lors de la révolte des *Ciompi* : « La grande majorité des meneurs connus, ceux qui avaient participé aux comités clandestins d'organisation du mouvement de 1378 et ceux qui avaient été condamnés, exécutés ou bannis par la suite, vivaient dans les quartiers populaires de la périphérie citadine » [Stella, 2019].

Il en est de même lors des révoltes dites du Bundschuh, entre Vosges et Forêt noire, qui se succèdent de 1493 à 1525. Se référant à l'une d'elles survenue au printemps 1525 dans les environs de Belfort, Georges Bischoff [2009] précise : « Le mode opératoire est celui de l'ensemble des bandes paysannes : des préparatifs discrets ("trois jours, trois nuits"), un lieu de rassemblement convenu à l'avance. »

De tels préparatifs supposent au départ un noyau d'organisateurs, un ou quelques chefs.

Mais même les révoltes spontanées, inorganisées au départ, dès qu'elles dépassent le stade bref de l'émeute, voient émerger ou se donnent des chefs. Sous l'Ancien Régime, les révoltes antifiscales voient souvent surgir à la tête des révoltés des notabilités communautaires, petits nobles, clercs ou bourgeois. Dans les temps modernes, « la révolte trouve plutôt ses chefs dans la nébuleuse des gens moyens » [Aubert, 2015] : lors de la révolte des Croquants du Périgord en 1637, on trouve parmi les chefs vingt-cinq paysans, six gens de métiers, quatorze robins et six nobles. Lors de la guerre des Farines (1775), les chefs sont un cabaretier, un maçon, une journalière. Dans les villes, les révoltes sont le plus souvent dirigées par les gens des métiers organisés, voire par quelques notables. Des chefs qui ont pour tâche de mener les combats mais aussi de trouver une issue à la révolte, de négocier si possible avec les autorités. Les révoltes de la période contemporaine ont aussi leurs animateurs, même s'ils n'ont guère laissé leur nom dans les mémoires : qui connaîtrait les milliers de militants qui ont animé en vain ou avec succès des révoltes ouvrières sans le *Maitron*, dictionnaire biographique du mouvement ouvrier et du mouvement social, aujourd'hui en ligne ? On y retrouve par exemple entre mille la figure de Jean-Claude Romand, considéré comme un des chefs de l'insurrection des Canuts de 1831. Mais si les autorités et les employeurs voient couramment dans toute révolte la main de « meneurs », le plus souvent venus d'ailleurs, et leur font la chasse, ces chefs surgissent souvent de la révolte même. C'est aussi vrai pour diverses révoltes contemporaines : les routiers qui bloquent les dépôts pétroliers en 1992 voient émerger un porte-parole, dit « Tarzan » ; la médiatisation suscite aussi l'apparition de chefs. Cependant, depuis le début du XXe siècle, la transformation des révoltes sociales en mouvements sociaux organisés par les syndicats se traduit aussi par une mutation concernant les meneurs : le « meneur » permanent se substitue le plus souvent au meneur occasionnel.

Il est cependant des mouvements qui, dès l'abord, se cristallisent autour d'un ou de quelques chefs qu'ils se donnent, tel Marcelin Albert lors de la révolte des vignerons du Languedoc en 1907. Les révoltes des classes moyennes sont souvent lancées par des chefs charismatiques, qui créent une organisation : Dorgères pour les Chemises vertes des années 1930, Poujade dans les années 1950.

Se rassembler : les lieux de la révolte

Le lieu initial de la révolte, quand elle est préparée, est caché : un logis privé, un cabaret, voire un lieu retiré dans la forêt. Les lieux les plus visibles de la révolte sont le lieu de rassemblement public — la place de l'hôtel de ville, le parvis d'une église, un marché —, puis ce sont les lieux pris pour cible — le logis d'un noble, d'un bourgeois, d'un édile communal, d'un magistrat, d'un agent du fisc, un château, un centre du pouvoir central (comme, au moment de la Révolution française, la Bastille ou les Tuileries), au XXe siècle l'Assemblée nationale (émeute du 6 février 1934) et tous les lieux symboliques du pouvoir, cibles aussi des samedis lors du mouvement des Gilets jaunes.

La révolte se déploie aussi sur un territoire qu'elle conquiert et contrôle temporairement : le quartier d'une ville, voire une ville entière, un village ou un ensemble de villages, voire toute une région. Les enjeux territoriaux peuvent être symboliques ou stratégiques. En 1831, les Canuts lyonnais descendent du quartier de la Croix-Rousse et, après des combats avec la garde nationale bourgeoise, investissent le centre de Lyon et prennent le contrôle de la ville.

Contre les offensives de l'autorité, ces territoires contrôlés deviennent des espaces à défendre, longtemps les armes à la main, jusqu'au temps de la Commune de Paris. Ultérieurement, la force publique ayant le monopole des armes, les révoltés défendent leur territoire avec les moyens du bord, divers projectiles (pierre, pavés), quelques armes rudimentaires (cocktails Molotov, feux d'artifice), des étudiants du quartier Latin en 1968 aux occupants de la ZAD de Notre-Dame-des-Landes et aux jeunes des quartiers au début du XXIe siècle.

Lors des révoltes ouvrières, le contrôle des usines est un enjeu majeur. Le patronat défend une propriété privée, qui doit être inviolable. Si bien que l'occupation des usines, la « grève sur le tas », même pratiquée au son de l'accordéon, est, de son point de vue, une « occupation », un acte séditieux inadmissible [Pénissat, 2005a]. Pour les grévistes, c'est bien une façon de montrer que l'usine appartient autant aux salariés qu'aux actionnaires. Et, lors de grèves dures, l'occupation de l'usine, le contrôle des entrées par un piquet de grève sont autant de signes d'appropriation [Pénissat, 2005b].

La révolte des Gilets jaunes inaugure d'autres espaces de contestation. L'originalité du mouvement a été dans l'investissement des ronds-points [Gwiazdzinski, 2019 ; Jeanpierre, 2019], devenus les symboles de l'entrée par la route dans les villes, moyennes et petites : lieux symboliques, portes modernes des cités, offrant le maximum de visibilité, permettant de bloquer le trafic, de distribuer des tracts, d'obtenir le soutien de la population à coups de klaxon, lieu aussi d'une nouvelle convivialité où les révoltés, qui n'ont pas en commun un lieu de travail mais un lieu d'habitation souvent dispersé, se retrouvent et se ressourcent.

Justifier la révolte, se faire entendre

Les révoltés, tant pour rameuter le plus grand nombre, pour obtenir des soutiens extérieurs que pour claironner leur volonté aux oreilles des autorités, proclament leur bon droit. Souvent, ils se réclament des valeurs même défendues par l'autorité : que ce soit la trilogie républicaine, des valeurs morales censées être communes à tous ou même le respect de l'autorité.

Ainsi, la requête des communes soulevées du Périgord signale en 1637 au roi de France : « Les oppressions que les financiers de Votre Majesté rendent à voz pauvres subjects, les violances que l'autorité de leurs charges cause, font passer milles larronneaux qui mangent jusques aux os les pauvres laboureurs et leur ont mis les fers aux mains et changé leur soc en armes pour demander Justice à Votre Majesté ou pour mourir en hommes » [Neveux, 1999].

Les révoltés régionaux du XVIIe siècle contre la gabelle protestent de leur loyauté envers le roi quand ils clament le slogan cent fois répété, de Rennes au Languedoc : « Vive le roi sans gabelle ! » Bien des grèves musclées des XXe et XXIe siècles se lèvent au nom de valeurs qui, au-delà de l'intérêt immédiat des intéressés, parlent au nom de l'intérêt général — la survie de milliers d'emplois induits par exemple — ou de la défense d'un service public.

Aujourd'hui, les révoltés veulent se faire entendre du pouvoir *via* la médiatisation de leurs revendications et de leurs actions. Les barrages routiers sont devenus ainsi une pratique courante, des paysans creusois de 1953 aux chauffeurs de poids lourds, aux agriculteurs en tracteurs ou aux Gilets jaunes sur leurs ronds-points. L'occupation de territoires d'une usine ou d'une ZAD est un acte de résistance physique, mais marque aussi une volonté de médiatisation. Des actions de « désobéissance » civique, réalisées par un petit nombre mais qui s'inscrivent dans une révolte collective, théorisées et pratiquées par José Bové, relèvent de la même volonté d'en appeler à l'opinion publique [Bové et Luneau, 2004].

Dès le début des années 2000, l'usage d'Internet est aussi pratiqué par les nouveaux militants pour se faire entendre [Granjon, 2002], pratique réinventée sans cesse au fil des innovations [Lojkine, 2016].

Encadré 12. Le répertoire de femmes en révolte dans les temps modernes

La première fonction rébellionnaire des femmes est de déclencher la révolte. « On les trouve souvent à l'origine du mouvement qui sera poursuivi de façon plus violente par les hommes. » Elles ne se bornent pas à ce seul rôle de boutefeux, mais jouent un rôle mobilisateur essentiel. La première dimension de la révolte est sonore. Les femmes donnent le signal de l'émeute d'abord par leurs cris qui alertent la population (notons que le contenu de ces cris n'est pas toujours connu). Elles cherchent à faire le plus de vacarme possible, utilisant souvent à cette fin leurs ustensiles de cuisine, avant de pouvoir faire sonner le tocsin de l'église la plus proche, ce dont elles se chargent souvent elles-mêmes. Une fois l'alerte donnée, elles s'emploient à former des attroupements plus ou moins nombreux en allant chercher des renforts (fonction de relais). Parfois, elles peuvent forcer des passants à les suivre et n'hésitent pas à maltraiter ceux et celles qui refusent. Lorsque l'attroupement est formé, ce sont les femmes qui prennent souvent l'initiative des premiers gestes séditieux (passage des cris aux gestes). Elles bousculent les étalages faciles à renverser ; elles s'attaquent aux chariots qui transportent des vivres. Si elles peuvent se contenter de les arraisonner dans l'attente des autorités, il n'est pas rare qu'elles les pillent… et maltraitent à l'occasion les charretiers qui tentent de s'y opposer.

Source : Laffont [2016].

La révolte et la violence

Toute révolte n'est pas nécessairement violente, comme le souligne Samuel K. Cohn [2006] pour le bas Moyen Âge en Italie, Flandres et France. Cependant, des actes violents appartiennent au répertoire de la plupart des révoltes. La violence des révoltés s'atténue fortement au cours du XIXe siècle et surtout à partir du milieu du siècle, sous l'effet à la fois de la structuration des forces de l'ordre qui acquièrent le monopole de l'emploi de la force et de la structuration des mouvements sociaux. Sans pour autant qu'elle disparaisse, que ce soit à la ville ou à la campagne [Corbin, 1990 ; 1993].

Les révoltes frumentaires sont fréquentes jusqu'en 1848. Elles ont leur « vocabulaire », assez bien balisé : dénonciations et attaques contre les accapareurs supposés, réquisition de blé, farine ou achat au prix fixé par les émeutiers, entrave au commerce pour empêcher les grains de gagner une province voisine, une grande ville, d'être réquisitionné pour l'armée

[Tilly, 1972]. Beaucoup sont initialement de fait de femmes, très déterminées mais à la violence mesurée.

La violence est déjà présente dans les mots, dans les cris, qui préparent ou accompagnent la violence contre les biens ou les personnes. Lors des révoltes médiévales de la Catalogne à la Toscane en passant par le Languedoc, des révoltés crient « Mort aux traîtres ! », aux membres de la communauté urbaine ou rurale, membres de l'élite le plus souvent, qui acceptent les mesures qui suscitent la révolte [Challet, 2013]. Bien des révoltes sont accompagnées de chants populaires vengeurs, menaçants, comme à Reims lors de la grève des tisseurs (1885) : « Les tisseurs ne peuvent plus payer leur pain, les patrons sont des cochons, on les pendra, comme des lapins, dans leur maison » [Perrot, 1984].

Attaquer

Après négociations, requêtes infructueuses ou bien, inopinément, lorsque la colère éclate soudain, les révoltés s'en prennent aux biens ou aux personnes ciblées. Un répertoire de la violence urbaine se met en place vers 1280-1300 dans les villes flamandes que l'on retrouve tout au long de l'Ancien Régime un peu partout dans le royaume de France : on attaque les hôtels des plus riches ou des plus puissants, saccagés, pillés [Bourin, 2008]. Assaillir les bâtiments, l'objet de la contestation, les symboles du pouvoir est une constante — château, hôtel particulier d'un magistrat, hôtel de ville, préfecture comme au Puy lors du mouvement des Gilets jaunes —, mais on peut aussi agir directement contre l'objet même de la contestation — le bureau d'octroi hier, les portiques de l'écotaxe lors du mouvement des Bonnets rouges en 2013. Résumant la nature de la violence dans les grèves ouvrières de 1871 à 1890, Michelle Perrot [1984] précise : « Cible prioritaire, l'usine, une forme majeure : les bris de vitre, un instrument essentiel : la pierre. Il s'agit moins de détruire que de faire peur. »

La violence contre les personnes perdure jusqu'au XIXe siècle, allant jusqu'au meurtre. Sous la monarchie, dans les campagnes comme dans les villes, la révolte commence souvent par la chasse aux agents du fisc : lors de la révolte des Pitauds (1548), « partout les agents réels ou supposés de la gabelle sont mis en fuite et une trentaine d'entre eux exécutés » [Aubert, 2015]. À l'époque contemporaine, rares sont les attaques mettant en jeu la vie des personnes, le cas de l'ingénieur défenestré et massacré à Decazeville en 1886 étant une exception. Quand la tension monte, comme à Air France en octobre 2015 lors de l'annonce en comité central d'entreprise d'une suppression envisagée de 2 900 emplois, deux cadres sont malmenés et doivent s'enfuir, le directeur des ressources humaines y laissant sa chemise : cet épisode de la « chemise déchirée », filmé et passé en boucle sur les écrans, a suscité de vives polémiques qui soulignent combien la violence physique n'est plus guère de mise dans les mouvements sociaux [Diard, 2016]. Sauf contre les forces de répression, toujours accusées par les révoltés d'avoir commencé les premières, voire provoqué les rebelles.

Les instruments de la révolte

Les révoltés du Moyen Âge et des temps modernes utilisent couramment tout ce qu'ils ont sous la main, outils de paysans, outils d'artisans (les couteaux des bouchers prompts à l'émeute), mais aussi armes de combat, tels les fameux maillets stockés par Bertrand du Guesclin et dont s'emparent les « Maillotins » en 1382, mais aussi des armes de jet et bientôt des armes à feu récupérées dans des arsenaux mais aussi gardées chez eux par d'anciens soldats, des membres des milices urbaines et, après la Révolution, de la garde nationale [Bianchi et Dupuy, 2006].

Lors des grèves au XIXe siècle, les mineurs utilisent divers armes et projectiles : le caillou, le bâton, quelquefois de la dynamite à laquelle ils ont facilement accès.

En étudiant 3 725 échauffourées, émeutes contre la gendarmerie (fondée en 1791) entre 1800 et 1859, Aurélien Lignereux [2008] recense les armes des rebelles : mains nues, pierres, outils, bâtons, armes blanches ; quant aux armes à feu, si elles sont présentes dans 37 % des rébellions jusqu'en 1817, elles se raréfient par la suite, retrouvées dans 7 % des rébellions dans les années 1852-1859 : désormais, force est restée à la loi, appliquée par des forces « de l'ordre » opposées à la « violence » des émeutiers : les termes couramment employés ne sont pas de pur hasard et l'on comprend pourquoi les pouvoirs en place détestent que l'on parle de « violences policières ».

Encadré 13. Mettre le feu

Une des armes privilégiées de bien des révoltes : le feu, mis au château, à la demeure d'un bourgeois, d'un agent du fisc, d'un patron, à la préfecture, etc. À défaut, les révoltés enflamment tout ce qui leur tombe sous la main. Dans les quartiers insurgés des banlieues, le feu est parfois mis non seulement à des voitures de police mais aussi a tout ce qui représente une société dont les jeunes révoltés se sentent exclus, quitte à brûler un établissement scolaire, un centre commercial, un gymnase. D'autres flambées sont plus symboliques, comme celles de ballots de paille, de palettes ou de pneus.

La violence dans les révoltes anticoloniales

Toute velléité de révolte des colonisés est rapidement écrasée dans le sang ; et la révolte, d'abord sourde, ne peut, pour durer, qu'user de la violence. La résistance collective des esclaves, sur le long terme, prend différentes formes au quotidien : manque d'ardeur au travail, danses, chants africains, pratique d'une langue, le créole, issue de différents idiomes africains, amérindiens, français. À Saint-Domingue, l'île à sucre habitée par près de 450 000 esclaves à la veille de la Révolution française, une religion syncrétique issue des croyances africaines émerge, le vaudou, chez les nègres « marrons » [Schmidt, 2005]. En effet, dans toutes les colonies esclavagistes, les plus déterminés des esclaves s'enfuient et forment des bandes de « Marrons » vivant dans les forêts et montagnes, signalées à Saint-Christophe dès 1639, en Martinique dès 1665. Les autorités leur attribuent non seulement des vols de nourriture pour survivre mais aussi des incendies, des meurtres de Blancs. C'est sur l'île de la Réunion que le marronnage connaît son extension la plus forte, surtout entre 1730 et 1779. Plus que les attaques ou les meurtres, les colons craignent les Marrons « car ils ont gousté cette façon de vie, coquine et misérable, l'on a toutes les peines du monde à les réduire ; ils débauchent les autres », d'après un témoin [Noiriel, 2018a]. La répression s'organise au XVIIIe siècle, particulièrement féroce, à coups de meurtres et de mutilations punitives. La première grande révolte antiesclavagiste victorieuse survient à Saint-Domingue en 1791 et aboutit, après massacres, reculs et violents combats, à l'indépendance d'Haïti en 1804. Les luttes contre la deuxième colonisation ne peuvent elles aussi qu'être violentes. De l'Algérie dès 1830 jusqu'à la guerre de libération de 1954-1962, à la Nouvelle-Calédonie avec la révolte de 1878, à l'Indochine, à Madagascar en 1947, où aux centaines de colons et procoloniaux tués à coups de sagaie et de coupe-coupe répond une répression qui fait 10 000 tués et entraîne 30 000 morts de faim et de maladie [Fremigacci, 2010] : à la violence des révoltés répond une violence exacerbée de la puissance coloniale.

Se défendre

Dès qu'une révolte a remporté quelques succès, conquis un quartier, une ville, une région, elle doit faire face à la répression.

En ville, le symbole de la résistance, c'est la barricade. La première n'intervient pas vraiment lors d'une révolte populaire mais, en pleine guerre de religion, lors d'une insurrection de la Ligue catholique parisienne contre le roi Henri III contraint de fuir la capitale (1588).

Le XIXe siècle est le temps fort des barricades. Ainsi en 1827 lors d'émeutes rue Saint-Denis après le succès électoral des libéraux à Paris. La ville se couvre encore de barricades lors des Trois Glorieuses de 1830, en juin 1832 lors d'une insurrection avortée qui ouvre l'ouvrage de référence sur le sujet, *The Insurgent Barricade* de Mark Traugott [2010], en 1848 (février puis juin), lors de la Commune de Paris de 1871. Les matériaux ? « Il n'y a pas de barricade standard. On l'érige en choisissant ce que l'on a sous la main : voitures, planches, pavés. [...]. On va parfois chercher des feuillettes et des barriques chez le marchand de vin ou dans les entrepôts ; des traverses de chemin de fer aux abords des débarcadères, des volets, des échelles, des planches de chantier, des établis, sont également utilisés. Bien sûr, on trouve partout les pavés, symboles mêmes de la barricade. On se procure des leviers pour les arracher, des "pinces" dans les chantiers ou chez les entrepreneurs les plus proches, auxquels on prend à l'occasion des moellons. Les ouvriers du bâtiment sont souvent mis à contribution » [Clavier et Hincker, 1997].

Les barricades ne sont pas seulement des lignes défensives, souvent efficaces pendant quelques heures, voire quelques jours en 1848 ou en 1871. Mais c'est aussi une concrétisation de la solidarité des insurgés avec la population du voisinage qui participe à sa construction, un lieu de débats politiques, l'endroit où ont lieu des tentatives de conciliation pour éviter un bain de sang. Après 1871, où les barricades peuvent être vues comme des fortifications intérieures construites par les Communards contre les troupes de Versaillais, le rôle proprement militaire des barricades s'amenuise. L'échec de la Commune transforme aussi le répertoire révolutionnaire : « Les barricades et l'insurrection, figures obligées de la révolution, le cèdent à la grève générale » [Godineau, 2012]. Pour autant, dans la représentation que s'en font les révoltés, la barricade garde son caractère de lieu de convivialité, de débat et surtout de symbole insurrectionnel : on les retrouve dans les puissantes grèves de Limoges en 1905, soulignant la volonté des ouvriers de rester maîtres de la rue [Grandcoing, 1997], dans le Paris qui se libère en août 1944, dans l'Alger des Pieds-noirs insurgés contre le pouvoir gaulliste et son projet d'autodétermination lors de la « semaine des barricades » en janvier 1960 [Frémeaux, 1997]. La résurgence de la barricade dans le quartier Latin de mai 1968 surprend : elle s'inscrit dans la guérilla entre CRS et étudiants soucieux, pour les plus politisés, de rattacher leur mouvement aux tentatives révolutionnaires du XIXe siècle.

Manifestations, grèves et révoltes

Fin XIXe siècle-début XXe, on observe une progression dans les campagnes du répertoire moderne de la contestation : manifestations et marches pacifiques, grèves d'ouvriers agricoles [Bourguinat, 2012].

Bien qu'elle ne soit pas encadrée par la loi avant le décret du 23 octobre 1935 imposant la déclaration préalable et l'autorisation par le préfet, la manifestation est tolérée car censée permettre de canaliser le mécontentement : sa forme la plus courante est le défilé dans la rue, suivant un itinéraire prédéfini. Ainsi participe-t-elle à la « mort de la révolte » [Tartakowsky, 1989]. Mais il y a toujours possibilité de se servir de la manifestation pour sortir de ses cadres, d'y crier des slogans imprévus, de changer d'itinéraire, de se livrer à des actes de violence, le plus souvent sans l'accord des organisateurs.

Quant à la grève, son droit est reconnu sous le Second Empire dès 1864 pour mieux l'encadrer, la limiter, éviter tout ce qui peut empêcher la « liberté du travail ». La grève, pour être efficace, doit souvent sortir de ces clous, si bien qu'elle est toujours considérée par le patronat comme une révolte inacceptable.

Les révoltes des mineurs de cette période (Anzin, Rive-de-Gier) s'inscrivent dans ce que Stéphane Sirot [2002] désigne comme le « premier âge de la grève », la grève étant considérée, avant sa légalisation dans des bornes strictes, comme un fait « coupable et marginal ». Pour autant, ces révoltes annoncent les nombreuses grèves ouvrières qui tardent à s'inscrire dans le « deuxième âge de la grève » (1864-1939), celui de sa banalisation et d'un encadrement bien plus fréquent par des forces syndicales ou politiques : entre mouvement social organisé, structuré et révolte de la « base », la frontière est poreuse, tant le monde ouvrier est méprisé et craint dans la bourgeoisie et les classes moyennes, tant le patronat continue à considérer, malgré la loi, la grève comme une révolte illégitime.

Le déclin de la grève violente est perceptible dès la fin du XIXe siècle et plus encore après la Première Guerre mondiale [Shorter et Tilly, 1973]. Ce déclin est notamment expliqué par la croissance des organisations syndicales censées encadrer les conflits et une meilleure intégration de la classe ouvrière dans les champs politique et social. Ce déclin de la grève violente s'inscrit dans le vaste schéma de Norbert Elias du procès de civilisation marqué par une baisse des seuils de tolérance à la violence et l'intériorisation des pulsions les plus brutales [Vigna, 2016].

Cependant, depuis les années 1970, beaucoup de luttes ouvrières sont engagées contre des licenciements et fermetures de site. Et ces luttes, souvent menées le dos au mur, animées par un profond sentiment d'injustice subie, tendent à prendre, à côté des formes routinières, des formes originales, illégales, voire violentes [Béroud, 2010].

La révolte, moment de convivialité et de fête

Bien des révoltes naissent au sein de moments festifs, qui sont des lieux de rassemblement propices, surtout dans les fêtes carnavalesques où la rupture des conventions et hiérarchies sociales prévaut. Des révoltes ont aussi des épisodes festifs, empruntant aux rituels des charivaris, traitant avec dérision les adversaires [Gillet, 1987].

Mais, surtout, les révoltés connaissent un temps de convivialité, de consolidation de leur culture populaire, notamment par les chants.

Les autorités ont bien conscience de tout ce qu'apporte l'expérience vécue de la révolte : ce qui est dangereux dans le marronnage, disait un témoin cité plus haut, c'est qu'ils « ont gousté cette façon de vie », l'expérience d'une vie libre [Noiriel, 2018a]. La solidarité d'une vie soudain libre, beaucoup d'ouvrières et d'ouvriers la découvrent dans les grèves : les grèves festives du Front populaire en sont le témoignage le plus connu, mais bien des travailleuses et travailleurs en ont fait l'expérience dès la fin du XIXe siècle étudié par Michelle Perrot [1984] : la grève peut être, écrit-elle, « autre chose qu'un scénario économique bien conduit, mais explosion de désirs latents, de rêves refoulés, libération du geste et de la parole, fête du peuple assemblé ». Mai-Juin 68 a été une grande fête de la parole libérée. Lors du mouvement des Gilets jaunes, les ronds-points ont été des lieux essentiels de convivialité, de discussion, de lien social entre personnes que seule la situation a permis de se rencontrer. Une convivialité redoublée sur les réseaux sociaux où chacun pouvait se sentir un maillon d'une chaîne de solidarité.

V / La société face aux révoltes

La réaction des autorités

Pour l'époque moderne, des historiens comme Peter Blickle, Hugues Neveux ou Jean Nicolas ont souligné l'attitude ambivalente des pouvoirs européens face aux révoltes [Blickle, 1998]. C'est clair pour la royauté française : d'un côté la répression, très souvent brutale et sanglante, de l'autre un souci de prévenir et de négocier qui permet au pouvoir autant de réprimer que de se maintenir. Tant qu'il n'y a pas d'autres moyens de se faire entendre (élections, négociations, cadre institué, syndicats, arbitrages, etc.), de s'opposer au pouvoir et de revendiquer, la révolte et la réaction des autorités constituent un mode de résolution des conflits.

Prévenir, négocier, temporiser

Jusqu'à l'époque de Colbert, le pouvoir royal cherche souvent à temporiser. Lors de la révolte antifiscale des Pitauds (1548) dans le Sud-Ouest, alors même que des agents de la gabelle sont massacrés et que le lieutenant du gouverneur de Guyenne est tué et son corps symboliquement salé, le roi Henri II envoie des courriers aux révoltés pour les assurer de l'attention qu'il porte à leurs inquiétudes, ce qui contribue à faire baisser la tension. Ce qui n'empêchera pas une répression sévère [Aubert, 2015].

Lors des révoltes ouvrières d'avant la Première Guerre mondiale, les préfets cherchent à jouer un rôle médiateur entre un patronat souvent intraitable et un salariat exploité et exaspéré. Sous le Front populaire, une procédure d'arbitrage est instaurée pour tenter de trouver un compromis dans les conflits du travail. Après la Seconde Guerre mondiale, les révoltes se transforment en mouvements sociaux institutionnalisés, ritualisés, à de rares exceptions près. Jusqu'au début des années 1980, l'espoir d'un changement politique profond avec l'arrivée de la gauche au pouvoir participe à la modération des mouvements sociaux. Mais la déception politique, l'aggravation de la crise économique et sociale, le chômage de masse, la précarisation d'une partie croissante de la population réduit les marges de négociation pour prévenir les révoltes de différentes catégories sociales souvent désespérées.

Réprimer

Les autorités réagissent aussi en fonction des moyens de répression dont elles disposent. Localement, c'est d'abord la noblesse, rompue au métier des armes, qui est chargée à la fois de protéger et de réprimer les populations. Lors de la Grande Jacquerie de 1358, la noblesse, visée par la révolte, l'écrase. Encore pendant les révoltes de 1675 à Bordeaux comme à Rennes, la noblesse est chargée de mater les artisans révoltés. Mais, contre les Bonnets rouges de Basse-Bretagne, c'est essentiellement l'armée royale qui est chargée de la répression. Dès lors, la noblesse va surtout intervenir en formant les cadres de cette armée.

Contre les révoltes urbaines, c'est d'abord la milice bourgeoise qui est mobilisée, composée des élites de la ville et de la partie supérieure des classes populaires, comme à Dijon en 1630 ou à Cahors en 1637. Mais ces milices communales sont, au milieu du XVIIe siècle, de plus en plus écartées par le pouvoir central. Pour se substituer à ces institutions de répression jugées peu sûres et défaillantes, l'État monarchique s'est doté à partir de 1566 d'une force de l'ordre mobile : la maréchaussée et, dans les villes, une police créée un siècle plus tard (en 1667 pour Paris) [Milliot, 2020]. Ces forces se révèlent efficaces pour réprimer des émeutes de faible ampleur, comme à Lyon en 1766 où, infiltrée dans un milieu d'artisans mécontents, la police en arrête une dizaine et stoppe le mouvement qui s'amorçait. Mais ces forces de l'ordre doivent faire appel au renfort de l'armée face à des révoltes comme celle des Masques armés du Vivarais dans les années 1780.

La Révolution voit un retour des fonctions de police aux municipalités. Mais le 16 février 1791 est créée une force spécifique de maintien de l'ordre intérieur, la gendarmerie nationale des départements. Et la Constitution du 3 septembre 1791 précise que, lorsqu'une émeute se produit, la gendarmerie est la première mobilisée, par les autorités locales, la garde nationale de la ville ou du district pouvant être appelée en renfort, cantonnée dès lors à un rôle d'appoint [Milliot, 2020].

Après la Révolution, à Paris, le pouvoir peut compter sur les effectifs de la préfecture de police de la capitale (créée par Bonaparte en 1800) et dans l'ensemble du pays sur la gendarmerie que les préfets peuvent solliciter en cas de troubles graves [Lignereux, 2008], et éventuellement, si cela apparaît insuffisant, sur l'armée.

Après 1918, pour renforcer les forces de maintien de l'ordre et éviter absolument de devoir recourir à l'armée, le décret du 21 juillet 1921 met sur pied une gendarmerie mobile, formée de 4 000 militaires de carrière répartis en 111 pelotons rattachés à la gendarmerie, mais distincts des brigades territoriales et spécialisés dans le maintien de l'ordre. Ses effectifs ne cessent d'être développés jusqu'à la Seconde Guerre mondiale : ils passent à 15 000 en 1928 puis à 21 000 hommes en 1939.

La convention d'armistice ayant réduit ses effectifs à 6 000 hommes, le gouvernement de Vichy crée une force civile à organisation militaire vouée aux opérations de maintien de l'ordre : les groupes mobiles de réserve. Ces GMR pétainistes vite utilisés dans la chasse aux Résistants sont dissous en 1944 et, après épuration, les deux tiers de leurs effectifs versés dans les compagnies républicaines de sécurité, aux côtés d'anciens membres des forces françaises de l'intérieur (FFI). [Berlière, 1993a ; Milliot, 2020]. Les CRS deviennent, avec les unités spécialisées de la gendarmerie, la force utilisée pour maintenir l'ordre en particulier face aux émeutes et révoltes.

Les moyens légaux de la répression. — Face aux révoltes, le pouvoir veut disposer d'instruments juridiques dépassant parfois le droit commun. Un exemple : l'état d'urgence. La loi promulguée en 1955 en Algérie pour lutter contre l'insurrection, permet de mener « un travail de police — perquisitions, arrestations, interrogatoires, recherche de renseignements, contrôle des déplacements et agissements des individus considérés comme suspects [...] ; ce sont des opinions qu'il faut combattre, une propagande qu'il faut empêcher ; ce sont des hommes et des femmes qu'il faut dissuader de passer à l'action, par tout un arsenal de mesures préventives à l'égard de ceux qui seraient tentés de le faire, et par la répression exemplaire de ceux qui ont franchi le pas de l'engagement » [Thénault, 2007]. L'état d'urgence est réutilisé en Nouvelle-Calédonie en 1985 et en métropole face aux émeutes urbaines de 2005 (et en 2015 après les attaques terroristes qui ne s'inscrivent pas dans les révoltes populaires).

La répression comme facteur de révolte. — Parfois, c'est un fait de répression, comme une arrestation, qui déclenche une révolte : par exemple, sous l'Ancien Régime, l'arrestation et le convoiement d'un conscrit déserteur ou d'un contrebandier.

Face à une révolte d'ampleur, si la répression ne parvient pas à l'éteindre, elle la stimule souvent. À la brutalité, aux exactions des troupes ou aux violences policières, répond une violence accrue des révoltés, qu'ils soient paysans médiévaux, peuples colonisés, étudiants en mai 1968 ou lycéens en 1986, jeunes des quartiers ou Gilets jaunes.

Les révoltés entre déception et espoir

Un prix à payer souvent élevé

Pour éteindre la révolte ou après l'avoir éteinte, les autorités cherchent d'abord à prouver que la révolte a un coût élevé. Au Moyen Âge comme aux temps modernes, les supposés meneurs et d'autres révoltés sont souvent torturés, sommairement exécutés, d'autres envoyés aux galères. Les cours de justice prononcent des peines individuelles. Au XIXe siècle, la répression peut encore être sanglante (juin 1848, Commune de Paris, révoltes dans les colonies — Algérie, Nouvelle-Calédonie, etc.), et sévère, les révoltés étant condamnés à de lourdes peines, comme les Communards déportés en Nouvelle-Calédonie.

La répression, c'est aussi, au temps de la royauté, des punitions collectives. En 1639, à Rouen, un commis chargé de la perception de taxes sur les teintures est massacré et, quinze jours plus tard, les bureaux du fisc pillés. Outre l'exécution de six émeutiers de milieu modeste, la ville est punie pour n'avoir pas réprimé à temps : désarmement des habitants, logement des gens de guerre, amendes, suspension temporaire du parlement et des échevins [Aubert, 2015].

À l'époque contemporaine, de telles punitions collectives s'exercent surtout dans les colonies : pendant la guerre d'indépendance algérienne, des millions d'Algériens sont déportés, enfermés dans des « camps de regroupement » comme le dénonce dès 1959 un rapport du jeune Michel Rocard [1959], reproduisant des méthodes analogues déjà appliquées lors de révoltes antérieures en Algérie et dans d'autres colonies [Thénault, 2012].

Le pardon, la rémission

Mais, pour restaurer le lien rompu et l'obéissance, le prince manifeste aussi son pouvoir par le pardon, si tel est son bon vouloir. En échange de la repentance du révolté, il met fin aux procédures judiciaires dont celui-ci est l'objet, réduisant ou supprimant les sanctions pécuniaires, rétablissant les droits individuels ou collectifs.

Après la Grande Jacquerie de 1358, le roi de France adresse plus de cent soixante lettres de rémission à des acteurs pour leur participation à la révolte, dont une trentaine à des communautés [Bonnot, 2019]. Cet exercice de la rémission participe à l'affirmation du pouvoir royal ou princier, en France comme dans les États bourguignons des Pays-Bas [Musin et Nassiet, 2012].

Dans la France contemporaine, il en reste quelque chose avec le droit de grâce : en 1910, le syndicaliste du port du Havre Jules Durand — injustement condamné — doit d'échapper à la mort à la grâce du président de la République Armand Fallières [Barzman et Castelain, 2015 ; Hédrich, 2020].

Peu de révoltes sans aucun résultat

Vincent Challet [2019b] cite l'exemple de la révolte de Béziers en 1381 : « Après une sévère répression des conjurés, [on assiste à] la réalisation du premier compoix [cadastre] de la ville qui assure une meilleure répartition de la fiscalité urbaine — compoix auquel, quelques années auparavant, les plus riches de la ville s'étaient pourtant opposés — et [à] une réorganisation des échelles du consulat qui donne une meilleure représentativité à des métiers mineurs au sein du gouvernement urbain. »

Pour reprendre l'exemple de Bordeaux impliquée dans la révolte des Pitauds de 1548, deux ans après la dure répression, le roi rend à la ville ses privilèges et revient sur la réforme fiscale à l'origine de la révolte. « La leçon principale est que les révoltés ont obtenu gain de cause. Les coupables sont certes punis, mais ils ne sont pas morts pour rien. Pendant plus d'un siècle, nul de l'oubliera totalement » [Aubert, 2015]. En revanche, dans le dernier quart du XVIIe siècle, la monarchie non seulement applique une implacable répression d'État, mais souvent maintient ses innovations fiscales malgré la pression populaire. « La machine à espérer était grippée. » Là est une des clefs de cette « contagion de l'obéissance » qui, partie de la noblesse matée après la Fronde, gagne les couches subalternes de la société [Pillorget, 1975].

Le siècle révolutionnaire change la donne. En 1989-1993, les révoltes se transforment en insurrection et en révolution aboutissant à des changements de régime. À Saint-Domingue, après des succès et des reculs (l'esclavage est aboli en 1794 puis rétabli par Bonaparte en 1802), la révolte des esclaves conduit à l'indépendance de ce qui devient Haïti (1804) et plus tard à l'abolition de l'esclavage de 1848 dans les colonies. En France, la conviction que les classes populaires peuvent non seulement obtenir satisfaction par la révolte mais, au-delà, promouvoir un régime plus démocratique et moins inégalitaire s'est ancrée dans les esprits des plus militants. Les Trois Glorieuses (juillet 1830) et février 1848 renforcent cette conviction. Si les classes populaires politisées se divisent entre révolutionnaires et réformistes, voire monarchistes et bonapartistes, il n'en reste pas moins que les révoltes ouvrières depuis les années 1830 poussent à des réformes sociales, certes bien timides, sous les régimes successifs. L'échec sanglant de la Commune de Paris marque la fin d'une phase insurrectionnelle : les révoltes ouvrières prennent d'autres voies, mais l'aspiration à la transformation d'une république bourgeoise en république sociale reste forte. Si ceux qui, au sein de la CGT anarchisante du tournant des XIXe et XXe siècles, rêvent de changer le monde par la grève générale doivent déchanter, la révolution russe fait renaître un espoir de changement profond parmi les classes populaires les plus politisées et les plus révoltées contre la guerre. Au niveau international, l'idée que les classes populaires peuvent ébranler le monde n'a en fait pas cessé d'exister. Le mouvement communiste comme le mouvement ouvrier qui connaît son apogée en 1936 participent à la pression sur les dirigeants politiques et économiques. La participation d'une partie des classes populaires à la Résistance, le climat politique nettement marqué à gauche, comme le montre le programme du Conseil national de la résistance en 1943, conduisent à la Libération à un ensemble de réformes sociales et à une politique keynésienne conçues pour convaincre les classes populaires que le régime politique comme le système économique capitaliste sont capables de répondre à leurs aspirations, sans qu'il n'y ait plus besoin de se révolter pour améliorer son sort. Et, dans les colonies, les mouvements insurrectionnels de libération nationale obtiennent l'indépendance, certes chèrement payée. Rare révolte qui n'aboutit pas, celle des Pieds-noirs qui veulent maintenir l'Algérie française. Mais elle laisse des traces.

La révolte de Mai-Juin 68, révolte contre toutes les autorités, a des résultats à court terme (accords de Grenelle avec augmentation de 35 % du salaire minimum, reconnaissance de la section syndicale d'entreprise, réforme de l'université, etc.) mais aussi à plus long terme, entraînant une mutation des mentalités, la légalisation de l'interruption volontaire de grossesse (IVG), etc.

Les révoltes des cités, qualifiées parfois de révoltes « postcoloniales » [Mansouri, 2013], n'ont pas trouvé de solution à leurs problèmes, dans un contexte de chômage massif des jeunes et de fort sentiment d'exclusion. Mais les autorités ont cherché des solutions ponctuelles, soit en tentant de faire disparaître les cités elles-mêmes en détruisant spectaculairement de grands ensembles d'immeubles, soit avec des mesures à caractère social. Pour autant, des révoltes continuent à enflammer sporadiquement ces quartiers depuis les années 1980.

Quant aux Gilets jaunes, ils ont contraint l'État à desserrer les cordons de la bourse à hauteur de 17 milliards d'euros : suppression de la taxe carbone, retour au taux de 6,6 % de la contribution sociale généralisée (CSG) pour les retraités et réindexation sur l'inflation des pensions inférieures à 2 000 euros, revalorisation de la prime d'activité, défiscalisation des heures supplémentaires, baisse des impôts sur le revenu pour une partie des imposables. Certes, ceux qui espéraient renverser la table (et le gouvernement) sont déçus et les raisons profondes de la révolte n'ont pas disparu.

Est-ce à dire que les mouvements sociaux classiques sont inefficaces et que la révolte, par sa moindre structuration et sa propension à la violence, l'est ? Dans certaines circonstances, oui, mais à plus ou moins long terme, c'est plutôt leur complémentarité qui se révèle payante. Depuis le mouvement des Gilets jaunes, la présidence, qui pensait pouvoir se passer des corps intermédiaires et ne pas devoir tenir compte des mouvements sociaux traditionnels jugés rétrogrades, reconsidère sa position.

Soutiens ou condamnation de la révolte

Si les révoltés se heurtent à l'hostilité de l'ensemble de la société, leur action a peu de chances de se développer et d'aboutir. Inversement, il est frappant de voir combien les révoltes rurales et urbaines du Moyen Âge et des temps modernes se soutiennent souvent mutuellement. Le mouvement dit des Bonnets rouges (1675) qui embrase la Basse-Bretagne a commencé dans les villes, à Rennes principalement. La Révolution française a vu converger la révolte urbaine et la révolte des campagnes qui, à la suite de la « Grande Peur », obtiennent le vote de l'abolition des privilèges le 4 août 1789. Lors de la révolte des viticulteurs du Midi en 1907, les ruraux investissent des villes (Narbonne, Béziers) qui les soutiennent.

Pour les révoltés, trouver des soutiens, c'est d'abord élargir l'espace de la révolte, mais aussi obtenir le renfort d'autres catégories sociales : bourgeois et petits nobles sont enclins régionalement à soutenir, ouvertement ou non, les luttes antifiscales qui remettent en cause les privilèges régionaux. De même dans les villes, où maîtres et compagnons sont soutenus par les édiles communaux contre toute atteinte aux privilèges urbains.

Les révoltes politiques rassemblant de larges pans de la population ont un fort impact : février 1848 en est le modèle. Mais les classes possédantes veulent se protéger des révoltes populaires : les ouvriers des faubourgs en juin 1848 se retrouvent isolés. Pour remonter dans le temps, en 1358, le prévôt des marchands parisiens, Étienne Marcel, effrayé par la puissance et la violence du mouvement de la Grande Jacquerie d'Île-de-France dont il cherche l'alliance, se retourne contre elle et se rallie au dauphin Charles qui organise la répression.

Dans l'époque contemporaine, la question du soutien des révoltes ouvrières par les classes moyennes est un enjeu politique majeur. Ce sont surtout les employés salariés du privé comme de la fonction publique qui, progressivement, se reconnaissent dans le mouvement ouvrier et adoptent ses pratiques contestataires, comme lors de la grève d'août 1953 [Pigenet, 2012b] ou dans les banques à partir des années 1970 [Leclercq, 1983].

Des Lumières aux « intellectuels »

Les révoltés ont pu recevoir aussi du soutien de la part des clercs ayant une influence. Ce n'est guère le cas au Moyen Âge, où les chroniqueurs sont au service des puissants. Guibert de Nogent, chroniqueur de la révolte de Laon de 1112, parle, à propos de la commune qui se dresse contre l'évêque, d'un « mot nouveau et détestable », qualifiant les insurgés de « scélérats » [Hugon et Gaumy, 2016]. Au XVIIIe siècle, les philosophes des Lumières cherchent davantage à éclairer des monarques qu'à soutenir des révoltés. Aussi l'influence des Lumières n'est-elle réelle qu'à des moments exceptionnels : « Quand les deux cultures [celle du peuple et celle des élites éclairées] se recoupent un moment ou s'associent [...], se produisent alors (rarement) les conditions d'une révolution, au contenu plus ou moins démocratique, autour des lois, de la Constitution, des droits et de la volonté générale exprimée par des mouvements de "patriotes" », écrit Serge Bianchi [2004]. Les auteurs des Lumières tels Diderot, Montesquieu et Voltaire confortent cependant tous ceux qui soutiennent la lutte contre l'esclavage, la traite et la colonisation à la fin du XVIIIe siècle au nom de la raison et de la justice humaine [Benot, 2005]. Au XIXe siècle, des médecins et des écrivains dénoncent la paupérisation liée à l'industrialisation, de Louis René Villermé à Victor Hugo. Si peu d'entre eux soutiennent la Commune de Paris [Lidski, 2010], le rôle des « intellectuels » (ainsi dénommés avec mépris par Barrès) va grandissant à partir de l'affaire Dreyfus, suscitant, approuvant ou condamnant les mouvements populaires [Ory et Sirinelli, 1986]. Aujourd'hui, écrivains, sociologues, historiens entre autres prennent la plume souvent à chaud pour condamner ou soutenir, avec ferveur ou tièdement, les mouvements populaires.

Depuis le XIXe siècle, la presse puis les médias à distance, de la radio à la télévision puis à Internet et ses réseaux, apportent ou non le soutien de leurs journalistes et commentateurs divers aux révoltes, qui sont parfois bien couvertes. Les analyses des contemporains comme des historiens sur ces révoltes s'appuient grandement sur ces sources que sont devenus les médias.

Les sondages apportent aussi depuis quelques décennies leur pierre : ainsi a-t-on pu interpréter la grève des cheminots et des fonctionnaires de 1995 contre la réforme Juppé comme une « grève par procuration », les sondages montrant un soutien inattendu au mouvement de la part de salariés du privé, pourtant gênés par la grève des transports. Si le mouvement des Gilets jaunes, bien que ne mobilisant en fait qu'une minorité, a eu un tel impact, c'est que les violences des manifestations du samedi n'ont pas sapé le soutien aux revendications du mouvement de la part d'une nette majorité des personnes interrogées par divers instituts de sondage.

Iconographie de la révolte

Avant l'imprimerie, l'image de la révolte ne peut guère figurer que dans des manuscrits comportant des miniatures destinés à l'élite et donc condamner la sédition. Mais, à partir de la seconde moitié du XVe siècle, « la machinerie imprimée transforme de plus en plus les épisodes de révolte en événements médiatiques. Plus, il semble que la révolte, entendue comme action collective impliquant la violence (physique ou symbolique) contre un ordre établi, tende à faire de sa visibilité, passant par sa "mise en image", une des conditions de viabilité » [Deschamp, 2016].

En pays germanique, le Bundschuh fait grand usage de toutes les formes de propagande, cultivant des signes de distinction (vêtements, gestes, chants, insignes, bannières, slogans avec des gravures sur bois reproduites sur des libelles et feuilles volantes).

Les photographes ont aussi voulu représenter la révolte. Les photographies de barricades de la Commune de Paris donnent une image tranquille (durée du temps de pose oblige !) et positive de la révolte. À la Belle Époque, des photographes-reporters fixent des images de grèves, de manifestations, de barricades encore, de locaux patronaux pillés, d'affrontement avec les gendarmes, images souvent reproduites sur carte postale, comme pour populariser la révolte. La reproduction des images dans la presse accentue l'impact des photos de révoltes, cinématographe puis télévision prenant ensuite le relais : les images de la révolte étudiante en 1968, par exemple celles de la rue Gay-Lussac jonchée de voitures renversées, ont pu contribuer à choquer une partie de l'opinion, cette « majorité silencieuse » dont se réclamait le pouvoir gaulliste [Vindt, 2014]. Aujourd'hui, une vidéo postée sur les réseaux numériques peut allumer en quelques heures ou quelques jours une révolte, comme ce fut le cas pour les Gilets jaunes ou le mouvement contre les violences policières à la suite de l'assassinat de George Floyd aux États-Unis en 2020.

Les révoltes en chansons

La tradition des chants de révolte est vivace en Bretagne. Les historiens s'en servent de source pour comprendre les révoltes de 1490, du temps de la guerre menée par le roi de France contre la duchesse Anne [Hamon, 2017]. Le chant de Lanturulu donne son nom à la révolte de Dijon de 1630. La Révolution française est animée de nombreux chants qui sont restés dans l'histoire. *La Marseillaise* sert d'hymne à bien des révoltes jusqu'à aujourd'hui. Elle est aussi réinterprétée, par exemple par des féministes en 1848 (*La Marseillaise des cotillons en l'an 1848*). Des grévistes inventent aussi leurs propres chansons, comme celle des Fralib en 2011-2015, en grève pendant 1 336 jours contre Unilever [HK Le Saltimbank, 2013]. Le rap, expression musicale des quartiers défavorisés, scande, souvent en argot, le quotidien et la révolte des jeunes, parfois avec des références littéraires plus savantes qu'on ne le suppose [Ghio, 2016].

Révolte et mémoire

La question de la mémoire de la révolte *via* écrits et transmissions orales, de son interprétation et de son instrumentalisation postérieure par différents acteurs est déjà un enjeu à l'époque moderne : Vincent Challet [2018] l'a étudié pour les révoltes paysannes médiévales, Éva Guillorel [2018], spécialiste des traditions orales, a vu dans des transmissions de récits, de légendes, de chansons, de prophéties un rôle subversif, un « moteur de révolte ». D'autres auteurs ont aussi souligné le rôle de la mémoire des révoltes en Espagne, en Italie, aux Pays-Bas, en Angleterre [Herrero Sanchez *et al.*, 2018].

Le mouvement révolutionnaire a construit une mémoire des révoltes autour de chansons écrites dans le feu de l'événement (*Gloire au 17ᵉ* de Montéhus, chanté pendant la grève des vignerons de 1907) ou peu après l'événement, comme *La Semaine sanglante* (Jean-Baptiste Clément, juin 1871) ou *La Chanson de Craonne* qui a circulé en 1917 peu après les mutineries. D'autres naissent bien après, comme le *Chant des Canuts* écrit en 1894 par Aristide Bruant, ou encore *La Commune n'est pas morte* (Eugène Pottier, 1886). Le même Eugène Pottier est l'auteur des paroles de l'Internationale dès 1871, en l'honneur de la participation de membres de la Première Internationale

Encadré 14. Un militant, historien des révoltes ouvrières : Maurice Dommanget, le « prolétaire en veston »

Fils d'un boucher et instituteur dans un petit village de l'Oise, Maurice Dommanget (1888-1976) s'est fait historien, d'abord comme spécialiste de la Révolution française sous l'influence d'Albert Mathiez. Il est un des auteurs les plus prolifiques des *Annales historiques de la Révolution française*. Militant syndicaliste, socialiste, puis communiste, et enfin anti-stalinien, il s'est consacré, comme historien, à l'histoire des révoltes et révolutions. On lui doit un ouvrage sur La Jacquerie de 1358, de nombreuses biographies sur des personnages radicaux de la Révolution française (enragés et curés rouges, Sylvain Maréchal, le curé Meslier, Gracchus Babeuf), comme sur Auguste Blanqui. On lui doit aussi une *Histoire du 1er mai* et une *Histoire du drapeau rouge* [Bianchi, 1977 ; Rouch, 1984].

à la Commune, Pierre Degeyter en composant la musique en 1888 : dès lors, le chant entre dans l'histoire des luttes de la classe ouvrière et des partis qui s'en réclament.

Cette mémoire est aussi nourrie de romans qui circulent dans un certain nombre d'organisations, d'une lecture souvent plus abordable que de secs travaux historiques ou plus encore d'écrits théoriques. La filmographie est aussi abondante, des historiens ayant récemment analysé la représentation des révoltes européennes des temps modernes à l'écran [Haffemeyer, 2015], entre autres celle des Bonnets rouges bretons de 1675 ou celle des Camisards.

Conclusion / Révoltes d'hier, révoltes d'aujourd'hui

En France, la révolte s'est longtemps inscrite comme un des moyens de régler les conflits. Depuis un siècle et demi, il suffit que la machine démocratique se grippe, que les mouvements sociaux animés par les syndicats ne rassemblent plus les foules efficacement pour qu'une flambée réapparaisse, que ce soit dans un temps où la France « s'ennuie », comme l'écrivait *Le Monde* le 15 mars 1968, ou qu'elle s'angoisse comme dans ce nouveau siècle. Que des actions violentes — plus contre des biens que contre des personnes — se produisent ne scandalise pas nécessairement la majorité de l'opinion.

Et, face à chaque événement de quelque importance, nos regards se portent instinctivement vers le passé pour mieux comprendre le présent : la France est un de ces pays où l'histoire compte, où elle est un des socles majeurs dans la formation du citoyen.

Les révoltes du XXIe siècle ont cependant des relations diverses au passé.

La révolte des jeunes des quartiers populaires : une révolte qui n'est pas sans histoire

Plutôt que la jeunesse des révoltés, ce sont leur origine et leur regroupement spatial dans des quartiers ressentis comme de relégation qui ont une histoire : celle de l'immigration en France, celle de la séparation spatiale des classes populaires des autres classes de la société. Si l'on en croit Alessandro Stella, l'historien de la révolte des *Ciompi* de 1378 à Florence, ce *popolo minuto* relégué dans des quartiers populaires périphériques de la ville, le discours porté sur les « émeutiers » de la banlieue parisienne en 2005 par les pouvoirs publics le renvoyait à celui des élites florentines sur les *Ciompi* [Challet, 2019b]. De nombreuses autres révoltes de classes populaires ont ainsi surgi dans des quartiers où elles se concentraient, de la Croix-Rousse à Lyon en 1831-1834 au faubourg Saint-Antoine à Paris en juin 1848.

Ces processus de relégation spatiale se sont accompagnés d'une domination sociale, les travailleurs immigrés assurant le plus souvent des tâches peu qualifiées et mal payées, mal considérées. Les nouvelles générations — la grande majorité de nationalité française — n'acceptent plus cet état de fait et se rebellent. Les références historiques les plus proches sont cependant peut-être autant à aller chercher du côté de la révolte des jeunes des ghettos noirs américains que dans l'histoire nationale et coloniale.

Les révoltes anticoloniales et antiracistes

La fin du XXe siècle a connu une révolte puissante et une répression sanglante en Nouvelle-Calédonie (1984-1988). En Guadeloupe, la grève qui paralyse l'île pendant quarante-quatre jours en 2009 n'est pas un mouvement social traditionnel et, à travers la lutte contre la vie chère, le mouvement revendique une économie plus indépendante de la métropole ; en 2012, à la Réunion, les manifestations contre la vie chère dégénèrent en émeutes. Toutes ces luttes s'inscrivent explicitement dans l'histoire des luttes contre la colonisation, des luttes des autochtones ou des descendants d'esclaves. Et cette mémoire resurgit aujourd'hui dans les manifestations contre les violences policières, les contrôles d'identité incessants imposés aux jeunes d'origine maghrébine ou aux jeunes Noirs. La lutte antiraciste d'aujourd'hui fait référence aux combats des anciens colonisés considérés par les Blancs comme appartenant à une race « inférieure », comme l'exprimait, parmi bien d'autres, Jules Ferry.

Les Bonnets rouges, la lourdeur d'une référence

Plus ancrées dans l'histoire longue des révoltes populaires en France, les révoltes antifiscales sont souvent fortement historicisées par les participants eux-mêmes, à commencer par celle des Bonnets rouges de 2013 : outre la symbolique du bonnet, ils mettent en avant la référence à une résistance contre un nouvel impôt venu de Paris (en 1675 sur le tabac et le « papier timbré », en 2013 l'écotaxe), la localisation en Bretagne, des revendications teintées d'autonomisme, un répertoire où l'attaque contre les portiques de l'écotaxe fait écho à celle contre les octrois ou les bureaux de la ferme, et même l'audacieux rapprochement entre le partenariat public-privé liant l'État à la société Écomouv' et les pratiques d'affermage de l'Ancien Régime qui sous-traitent la perception de l'impôt.

Et cette révolte antifiscale comme d'autres veut puiser dans l'histoire sa légitimité. « Les origines fiscales — entre autres — de la Révolution contribuent à légitimer encore davantage ce type de soulèvements, qui, en dépit de la violence occasionnelle de leurs actions, sont le plus souvent interprétés comme l'expression d'une défense collective des droits contre un pouvoir aux prétentions excessives » [Delalande, 2014].

Les Gilets jaunes, références historiques et originalités d'une révolte

Contre qui, d'abord, cette révolte se lève-t-elle ? Pas contre le patronat, se distinguant ainsi de la plupart des révoltes ouvrières, mais contre le pouvoir central comme bon nombre de révoltes antérieures s'en prenaient à celui des rois de France puis à celui des républiques successives. Elle se lève contre un pouvoir centralisé, imposant sa loi aux provinces, ressenti comme étranger aux préoccupations quotidiennes des gens : le président de la Ve République leur a paru non seulement lointain, mais affichant un mépris trahi par des petites phrases sur les « Gaulois réfractaires » au changement, opposés aux « premiers de cordée », par des conseils pour trouver un emploi en traversant la rue. Les révoltés ont vu dans le président un monarque et dans le régime un déni de démocratie. D'où l'aspiration à une démocratie directe. Au-delà d'Emmanuel Macron, la révolte exprime la défiance envers des élites dirigeantes autoreproduites, de droite comme de gauche, qui n'ont pas réussi à juguler les ravages du capitaliste libéral mondialisé. C'est une révolte contre un système où les classes populaires ne sont guère représentées, encore moins depuis l'effondrement du seul parti qui comptait de nombreux élus issus des classes populaires, le Parti communiste. Cette dénonciation des élites dirigeantes par des gens de divers horizons politiques rappelle la révolte boulangiste des années 1880, ou celles des petites classes moyennes des années 1930, ainsi que des poujadistes qui, aux élections de 1956, avaient pour slogan « Sortez les sortants ». À cette différence notable que les Gilets jaunes ne se sont pas rangés derrière un *leader* charismatique et ne se sont pas rapprochés de l'extrême droite.

Contre quoi et pour quoi les Gilets jaunes se sont-ils levés ? Contre une réforme fiscale d'abord, imposée par le pouvoir central. Cette révolte cherche à s'inscrire dans l'histoire des luttes légitimes contre l'abus fiscal d'un pouvoir jugé autocratique, avec, comme référence historique principale des Gilets jaunes, la Révolution française. Le passage d'une protestation antifiscale à la dénonciation du président et de son régime se fait ainsi spontanément.

D'autant plus spontanément que la politique économique et sociale prônée par Emmanuel Macron est constituée d'un agenda de réformes prédéfinies perçues comme néolibérales [Monod, 2019], en contradiction avec ce que l'historien britannique Edward P. Thompson [1971] a appelé l'« économie morale » pour désigner un moteur dans les mobilisations populaires au XVIIIe siècle : une conception largement partagée sur ce que devait être un bon fonctionnement, au sens moral, de l'économie. Lorsque ces normes non écrites se trouvaient bafouées ou menacées par l'extension des règles du marché, par exemple concernant le prix du grain, le peuple se sentait tout à fait dans son droit en se révoltant [Hayat, 2019].

Comme dans nombre de révoltes du passé, c'est l'aggravation d'une situation plus que la situation elle-même qui allume la mèche : la taxe sur les carburants s'ajoute par exemple au recul des services publics dans l'espace de vie des Gilets jaunes. L'insécurité sociale et économique ressentie est d'autant plus forte que ces populations s'estiment mal protégées par l'État : ce défaut de protection fut, dans le passé, à l'origine de bien des révoltes contre les seigneurs d'abord, l'État monarchique ensuite ou encore le patronat à l'ère industrielle.

De là naît, par contraste, une révolte contre tous ceux qui semblent profiter de la situation, contre les élites, les riches quels qu'ils soient, opposés au « peuple ».

Dans le flot du mouvement, différentes revendications se font jour, telle la réévaluation des bas salaires et des minima sociaux. En fait, au-delà de la mobilisation contre la taxe sur les carburants, la revendication qui fait l'unanimité est celle qui concrétise l'opposition du « peuple » face aux « élites » : le Référendum d'initiative citoyenne (RIC), plus petit dénominateur commun de ce rassemblement composite, qui permet aussi de renouer avec une demande de démocratie directe de la part des sans-culottes de la Révolution, mais aussi avec les courants populistes méprisant la représentation parlementaire, des boulangistes aux poujadistes. C'est aussi là une des expressions de ce que Pierre Rosanvallon [2006] nomme la « contre-démocratie », qui s'inscrit dans une tradition française : en France, « le sacre de l'élection, fondé sur une vision presque "magique" de l'exercice de la volonté générale, y a voisiné souterrainement avec une culture de l'insurrection, forme radicalisée de la politique négative ». Dans ce sillage, Rosanvallon observe au XXIe siècle l'émergence d'une politique d'« empêchement » qui ne saurait être assimilée à un mouvement de dépolitisation : « Le citoyen négatif n'est pas un citoyen passif. [...] Il y a bien une sorte de participation à la vie publique, mais elle est essentiellement hostile. Il y a bien un engagement, mais c'est en faveur d'un rejet. Il y a bien prise de parole, mais c'est le langage raccourci des slogans ou des désaveux qui domine. C'est donc bien d'une souveraineté négative qu'il convient de parler. » Cette analyse écrite en 2006 donne à réfléchir sur ce mouvement complexe qui a suscité une large empathie mais aussi du scepticisme ou une franche condamnation, en particulier dans les milieux intellectuels [Noiriel, 2019].

On a pu s'étonner que, après que le président Macron a mis sur la table des milliards pour aider les plus modestes, le mouvement se soit poursuivi avec la même ampleur. C'est que, autant que les données économiques, ce sont les affects, les émotions qui sont le moteur de bien des révoltes et de celle-ci en particulier : le sentiment d'appartenir à une catégorie méprisée par un président aux petites phrases assassines a pesé lourd.

Qui sont les Gilets jaunes ? Un rassemblement avec une forte représentation de femmes, de retraités, davantage d'indépendants que de salariés. Gérard Noiriel souligne dans une interview de janvier 2019 : « Ceux qui manifestent aujourd'hui appartiennent aux couches les moins défavorisées des classes populaires — une constante dans tous les grands mouvements français, lors du renversement de Louis-Philippe en 1848 comme avec le Front populaire en 1936 » [Noiriel, 2019]. Yves-Marie Bercé [1974] faisait une analyse similaire à propos des émeutes rurales sous l'Ancien Régime, pour lesquelles « ce ne sont jamais des misérables qui prennent les armes ». Pierre Rosanvallon [2019] renchérit à propos des Gilets jaunes : « Ce n'est d'ailleurs pas la société des exclus, des chômeurs, des RMIstes qui a pris la rue et occupé les ronds-points, alors même qu'il y a en France 4,5 millions de personnes vivant des minima sociaux [...]. Cette société de survie ne se situe pas aux premières loges de la mobilisation des Gilets jaunes. C'est la "société des petits" qui s'y exprime en battant le pavé ou le bitume : celle du salariat modeste, des petites classes moyennes, des autoentrepreneurs, petits commerçants ou artisans. »

Ce n'est donc pas le mouvement d'une classe sociale (d'ouvriers, d'employés, de petits patrons), mais de classes populaires modestes diverses, qui ont en commun des goûts proches, une vision du monde commune, un style de vie contraint par un pouvoir d'achat limité, lié à l'espace vécu, à l'habitat, à l'usage de la voiture. À défaut de se caractériser en tant que classe, ou sur une base territoriale précise puisque le mouvement est national, les Gilets jaunes se définissent par un mode de vie, modeste, contraint : celui du peuple. Ils sont le peuple, idéalisé, uni contre les élites et qui revendique la parole, à travers le RIC.

Comment se révoltent-ils ? Les Gilets jaunes ont eu une première idée forte : le gilet jaune pour se nommer, le gilet jaune pour se faire voir. On ne peut imaginer objet plus visible (c'est son usage), plus commun à la fois à tous les automobilistes qu'ils sont et à de multiples métiers modestes, indispensables et exposés, dans les rues et sur les routes. Les symboles vestimentaires ont souvent donné leur nom aux révoltés, du Bundschuh aux sans-culottes et aux Bonnets rouges.

Les Gilets jaunes se sont aussi ancrés sur des territoires, locaux d'abord. À la place du village ou de la ville, à l'usine ou au quartier, ils ont substitué le rond-point comme lieu de rassemblement : un lieu qui correspond à leur mobilisation initiale d'automobilistes mais aussi un lieu où l'on peut facilement converger de tous les environs, se faire voir.

Encadré 15. Gilets jaunes et sans-culottes

« La structure sociologique des mobilisations actuelles [des Gilets jaunes] est très intéressante car elle correspond à celle des sans-culottes », en plus féminin. Aujourd'hui, des femmes chefs de famille sont aussi présentes avec des expectatives analogues, des forces de conviction liées à l'expérience du travail salarié et des familles monoparentales. Toute représentation des femmes qui ferait d'elles l'arrière des batailles agissant dans la sphère privée est inadéquate. Comme pendant la Révolution, comme pendant la Résistance, elles sont des actrices de premier plan. On a donc affaire, aujourd'hui comme pendant la Révolution française, à des femmes et des hommes "faits", pour reprendre l'expression de l'historien Michel Vovelle : des pères et des mères de famille, avec un travail, qui ne veulent pas que les générations suivantes vivent plus mal qu'elles et eux. C'était en tant que tels, en tant qu'ils avaient fondé une famille et qu'ils voulaient une vie bonne que les sans-culottes ont fait la révolution » [Wahnich, 2019].

Leurs manifestations s'inscrivent dans le répertoire des révoltés : pas question de soumettre une manifestation à une déclaration en préfecture, à une discussion avec les forces de l'ordre, qui n'ont aucun interlocuteur parlant au nom des manifestants. Ce qui prête le flanc à une répression qui décuple la colère. La violence qui s'installe dans les manifestations parisiennes n'est le fait que d'une minorité de Gilets jaunes et de groupes spécialisés dans les violences urbaines, mais elle n'est pas condamnée par les Gilets jaunes ni d'ailleurs par une grande partie de ceux qui les soutiennent : après tout, vandaliser les Champs-Élysées, c'est vandaliser un monde de riches. Les cibles — les riches, les lieux de pouvoir (un ministère, une préfecture) — étaient déjà celles des insurgés dans les villes médiévales.

Une des originalités des Gilets jaunes est cependant de refuser toute organisation, tout dirigeant parlant en leur nom, ce qui n'est pas le cas de la grande majorité des révoltes antérieures. Le mouvement se coordonne *via* des groupes Facebook, formant un agrégat d'individus égaux devant leur écran, ne faisant confiance qu'aux informations de leurs groupes favoris, exprimant leur méfiance contre tous les médias habituels, ce qui limite forcément leur rayonnement. Le seul rapprochement qu'on pourrait faire serait avec l'utilisation des médias sociaux dans des pays autoritaires, lors du « printemps arabe » par exemple, et la répétition de leurs manifestations du samedi emprunterait à celles des places d'Égypte (2011) ou d'Ukraine (2014).

D'autres originalités sont à souligner. Côté revendications, les questions du pouvoir d'achat et des conditions de vie n'empruntent guère au passé : poids des dépenses incompressibles, habitat imposant d'incessants déplacements en voiture, accès aux services publics dégradés sont autant de facteurs nouveaux.

Face à des révoltes la plupart du temps inattendues, les autorités ont souvent oscillé entre des tentatives de conciliation et la répression, comme on l'a vu dans les grandes révoltes des XVIe-XVIIe siècles. De même, face à ce mouvement, l'État a hésité : d'abord sourd aux revendications, il s'est fait répressif, puis a brusquement cédé sur une partie de ce qu'il pensait être des revendications purement quantitatives, sans saisir à temps la profondeur d'un mécontentement fondé sur une conception morale de l'économie et le sentiment d'être méprisés. Le « Grand Débat national » organisé par le gouvernement n'a guère fait illusion.

Le large soutien de la population (autour de 70 % des personnes interrogées) aux revendications des Gilets jaunes rapporté par les sondages a puissamment contribué à la pérennité du mouvement, malgré son caractère hétéroclite, les violences et les dérapages de quelques-uns.

Les médias, quant à eux, fluctuant entre soutien démagogique, condamnation de certains actes et analyses critiques, ont été une des cibles des Gilets jaunes, méfiants envers eux. Les Gilets jaunes ont rejeté en bloc tout ce que les médias pouvaient produire car venu d'élites intellectuelles étrangères à leur mouvement, comme naguère des chroniqueurs conseillers du prince. Très vite, les médias se sont positionnés selon leurs idéologies et leurs grilles d'analyse habituelles, faisant appel à des experts, sociologues, politologues ou géographes, partant de leurs représentations spatiales et sociales antérieures (diagonale du vide, France périphérique, bobos et classes populaires, etc.) : Aurélien Delpirou [2019] en a fait une critique roborative. L'histoire a bien sûr été convoquée, tendant à renforcer les convictions. La plupart des historiens spécialistes de l'histoire populaire ou de périodes révolutionnaires comme Gérard Noiriel, Michelle Zancarini-Fournel, Danièle Tartakowsky, Nicolas Delalande, Ludivine Bantigny, Sophie Wahnich, etc. ont volontiers trouvé des similitudes avec les révoltes rurales sous l'Ancien Régime, celle des sans-culottes ou celle de Mai 68 plutôt qu'avec le mouvement poujadiste, regardant la plupart du temps les Gilets jaunes avec une certaine empathie mais soulignant aussi les originalités du mouvement et les possibilités de dérive, rendant au large contexte mais aussi à l'événement en histoire toute leur singularité.

Une des caractéristiques du mouvement est d'avoir ouvert, comme en mai-juin 1968, une prise de parole multiforme dans la société tout entière et qui aura certainement une portée de long terme. Mais, en 1968, la révolte s'inscrivait dans un mouvement mondial libérateur, alors que, aujourd'hui, le climat oscille entre repli sur soi, montée des nationalismes et de l'exaltation du peuple et remise en question libératrice et écologique des systèmes économiques et politiques. Comme naguère, l'impact à long terme du mouvement des Gilets jaunes, pourtant *a priori* spécifiquement français, dépend de l'évolution du contexte non seulement national mais aussi international.

Des révoltes inscrites dans un contexte international

Il y eut de nombreuses contagions émeutières dans le passé. La période autour de 1380 en témoigne, la révolte des Travailleurs en Angleterre en 1381 s'insurgeant comme les révoltés français contre la pression fiscale de la monarchie pendant la guerre de Cent Ans. Les révoltes contre l'Église catholique qui prétendait imposer son credo et sa catholicité à toute la vie sociale se sont propagées de Jean Hus aux mouvements de la Réforme. L'impact de la guerre d'indépendance américaine, de la Révolution française, de la révolution haïtienne fut international et de long terme. En 1848, le printemps des peuples couvrit l'Europe. Le mouvement ouvrier fut d'emblée international, avec le 1er mai comme date symbolique. La révolte de la jeunesse dans les années 1960 contre la guerre du Vietnam et le moralisme social toucha tous les pays développés, récemment le mouvement des Indignés essaima. Et, en dehors de France, les révoltes arabes se propagèrent dans de nombreux pays.

Les grandes révoltes des années 2018-2020 sont aussi internationales, tels #MeToo, l'engagement de la jeunesse pour la planète, les mouvements contre le racisme et les violences policières. L'originalité aujourd'hui est dans la quasi-instantanéité de la circulation de l'information, l'utilisation des réseaux sociaux numériques, la mise en avant de valeurs sociopolitiques partagées plus encore que par le passé. C'est la force de ces révoltes, capables de remettre en cause la mondialisation libérale et les profondes inégalités au nom de valeurs morales et non d'un repli nationaliste et xénophobe, comme en écho à nombre de révoltes populaires d'hier.

Repères chronologiques

1110-1112	Révolte communale à Laon.
1250-1300	Multiples révoltes communales, de Cahors à Douai ou Provins et dans les Flandres.
1323-1328	Révolte des « Karls » dans la Flandre maritime.
1357-1358	Grande Jacquerie contre la noblesse en Île-de-France. Révolte d'Étienne Marcel à Paris.
1361-1389	Révolte des Tuchins en Haute-Auvergne et dans le Languedoc.
1378	Révolte des *Ciompi* à Florence.
1378-1382	Nombreuses révoltes urbaines contre le fisc royal (dont révolte des Maillotins à Paris).
1381	Révolte des Travailleurs anglais.
1382	« Harelle » de Rouen contre les taxes sur les produits courants.
1413	Révolte « cabochienne » à Paris.
1490	Révolte antifiscale contre la duchesse Anne en Bretagne.
1493-1525	Révoltes du Bundschuh du Tyrol à l'Alsace.
1528	Révolte des Pitauds dans le Sud-Ouest.
1529	« Grande Rebeyne » de Lyon contre les bas salaires et la hausse des prix du grain.
1539	« Grand Tric » (grève) des ouvriers imprimeurs lyonnais.
1550	En Ariège, révolte paysanne contre un seigneur à propos de l'usage des communaux.
1580	Carnaval de Romans.
1591	Grande révolte urbaine à Saragosse (Espagne).
1630	Révolte des Lanturulu à Dijon.
1636-1337	Révolte des Croquants en Périgord et Guyenne.
1639	Révolte des Nus-pieds normands.
1645	« Sédition des femmes » à Montpellier contre une taxe censée être fonction du nombre d'enfants.

1658	Révolte des Sabotiers de Sologne.
1662	Révolte des Lustucru du Boulonnais.
1675	Révolte du papier timbré puis des Bonnets rouges en Bretagne.
1688	Création de la milice provinciale.
1702-1704	Guerre des Camisards.
1707	Révolte des Tards-Avisés dans le Quercy.
1750	Révolte des tondeurs de laine à Sedan.
1754-1755	La contrebande comme révolte (révolte de Mandrin).
1775	Guerre des farines.
1782-1783	Les « Masques armés » du Vivarais contre la disette et les expulsions de terres.
1789 (avril)	Émeute frumentaire et salariale contre le manufacturier Réveillon à Paris.
1789 (fin juillet)	Grande Peur.
1789 (octobre)	Les femmes du peuple parisien ramènent la famille royale de Versailles à Paris.
1792-1795	La Révolution rythmée par les révoltes des sans-culottes.
1791-1793	Révoltes à Saint-Domingue.
1793-1799	Insurrection vendéenne puis chouanneries en Bretagne et Normandie.
1804	Indépendance d'Haïti.
1819	Émeute luddiste à Vienne (Isère).
1829-1832	« Guerre des Demoiselles » en Ariège.
1830	Trois Glorieuses.
1831 et 1834	Révolte des Canuts.
1832	Insurrection avortée à Paris.
1832-1847	Révolte d'Abdel Kader en Algérie.
1833	Révolte dite des « quatre sous » des mineurs d'Anzin (Nord).
1841	Révoltes de Clermont-Ferrand à Toulouse contre le contrôle de l'impôt sur les portes et fenêtres.
1844	Révolte des mineurs de Rive-de-Gier (Loire).
1847	Émeute de Buzançais (Indre) à la suite de la dernière grande crise frumentaire en France.
1848 (février)	Révolution, instauration de la IIe République.
1848 (mars)	Révolte des « 45 centimes » dans le Midi contre l'augmentation de l'impôt foncier.
1848 (juin)	Insurrection ouvrière à Paris.
1851	Révoltes contre le coup d'État de Louis Napoléon Bonaparte.
1871	Commune de Paris.
1878	Révolte kanake en Nouvelle-Calédonie.
1886	Grève de mineurs à Decazeville (Aveyron). Meurtre de l'ingénieur Watrin.

1888-1891	Mouvement boulangiste.
1893	Émeute sanglante contre les ouvriers italiens des Salins à Aigues-Mortes.
1898 (Noël)	Révolte dans l'établissement pénitentiaire pour la jeunesse d'Aniane (Hérault).
1900	Grève de soixante-quatre jours des mineurs de Carmaux (Tarn).
1905	Grève des porcelainiers de Limoges et des « hommes du fer » de Lorraine.
1906	Catastrophe de Courrières (Pas-de-Calais), 1 099 morts, révolte dans tout le bassin.
1906	Émeutes catholiques contre les Inventaires des biens de l'Église.
1907	Révolte des viticulteurs du Languedoc.
1908	Grève des sablières de Draveil et Villeneuve-Saint-Georges.
1909	Grève des boutonniers de Méru (Oise).
1910	Grève des charbonniers du port du Havre. Condamnation à mort du syndicaliste Jules Durand, « affaire Dreyfus » de la classe ouvrière.
1911	Révolte des viticulteurs de Champagne.
1917	Mutineries dans l'armée.
1919-1920	Vague de grèves.
1925-1926	Guerre du Rif au Maroc contre l'occupant français.
1927	Création des Comités de défense paysanne (les « Chemises vertes ») par Henri Dorgères.
1934	Émeute antiparlementaire du 6 février.
1936	De la révolte au grand mouvement social de mai-juin 1936.
1939-1945	Résistance.
1943	Refus du Service du travail obligatoire (STO).
1944	Révolte de tirailleurs sénégalais dans le camp de Tiaroye près de Dakar.
1945	Massacre à Sétif en réponse à la révolte des Algériens.
1946-1954	Insurrection et guerre d'indépendance en Indochine.
1947	Massacre à Madagascar à la suite d'une révolte.
1953	Premiers barrages routiers de paysans dans la Creuse.
1953 (août)	Grève surprise des fonctionnaires.
1953-1957	Mouvement poujadiste.
1954	« Insurrection de la bonté » de l'abbé Pierre.
1954-1962	Guerre de libération nationale en Algérie.
1960 (janvier)	Journée des barricades à Alger.
1967	Révolte en Guadeloupe.
1967	Grève d'ouvriers spécialisés (OS) à la Rhodiaceta (Rhône).
1968 (mai-juin)	Révolte étudiante et grèves ouvrières.

1969-1976	Nombreuses grèves « sauvages » d'ouvriers spécialisés notamment dans l'automobile.
Années 1970	Mouvement de libération des femmes (MLF).
1971-1972	Premières grandes révoltes dans les prisons (Toul, Nancy).
1973-1977	Grève et autogestion chez Lip.
1973-1981	Révolte du Larzac.
1978-1979	Révolte des sidérurgistes lorrains.
1979-1980	Opposition à la centrale nucléaire de Plogoff (Finistère).
1981	Première émeute urbaine à Vaulx-en-Velin.
1982-1984	Grèves dures contre les licenciements à Talbot-Poissy.
1984-1988	Révolte kanake en Nouvelle-Calédonie.
1985	Coluche crée les « Restos du Cœur ».
1986	Révolte lycéenne et étudiante contre la loi de sélection à l'entrée de l'université.
1992	Révolte de routiers, avec leur *leader*, « Tarzan ».
2005	Vague d'émeutes des jeunes des quartiers partie de Clichy-sous-Bois.
2006	Révolte des jeunes contre le contrat première embauche (CPE).
2008-2018	Création d'une zone à défendre (ZAD) contre l'aérodrome de Notre-Dame-des-Landes.
2009	Mouvement contre l'« exploitation outrancière » en Guadeloupe.
2011-2015	Révolte des Fralib contre la fermeture de l'usine, une parmi d'autres.
2013	Mouvement des Bonnets rouges bretons contre l'écotaxe.
2014	Création d'une zone à défendre (ZAD) contre le projet de barrage de Sivens (Tarn).
2016	Mouvement « Nuit debout ».
2018 (novembre)	Création du mouvement Extinction Rebellion-France.
2018-2019	Mouvement des Gilets jaunes.
2019	Révolte dans la jeunesse mondiale contre le dérèglement climatique.
2019	Révolte contre les violences faites aux femmes.
2020	Révolte antiraciste contre les violences policières.

8

Repères bibliographiques

Ado A. [1996], *Paysans en révolution. Terre, pouvoir et jacquerie (1789-1794)*, Société des études robespierristes, Paris.

Agrikoliansky E., Fillieule O. et Mayer N. [2005], « La dynamique altermondialiste en France », *L'Économie politique*, n° 25, p. 82-90.

Agrikoliansky E., Sommier I. et Fillieule O. (dir.) [2010], *Penser les mouvements sociaux*, La Découverte, « Recherches », Paris.

Aguet J.-P. [1954], *Les Grèves sous la Monarchie de Juillet (1830-1947)*, Droz, Genève.

Agulhon M. [1975], « Le problème de la culture populaire en France autour de 1848 », *Romantisme*, n° 9, p. 50-64.

Algan Y., Beasley E., Cohen D. et Foucault M. [2019], *Les Origines du populisme. Enquête sur un schisme politique et social*, Seuil, Paris.

Algan Y. et Cahuc P. [2007], *La Société de défiance. Comment le modèle social français s'autodétruit*, Éditions Rue d'Ulm, Paris.

Allain T. *et al.* [2019], *Les Provinces-Unies à l'époque moderne. De la Révolte à la République batave*, Armand Colin, Paris.

Aprile S. [2010], *La Révolution inachevée (1815-1870)*, Belin, Paris.

Artières P. [2001], « La prison en procès, les mutins de Nancy (1972) », *Vingtième Siècle*, n° 70, p. 57-70.

Artières P., Quero L. et Zancarini-Fournel M. [2003], *Le Groupe d'information sur les prisons. Archives d'une lutte (1970-1972)*, Institut Mémoire de l'édition contemporaine, Saint-Germain-la-Blanche-Herbe.

Association des Anciens de l'UNEF [2013], *Actes du colloque du 12 octobre 2012. L'UNEF et la guerre d'Algérie*, Institut Tribune socialiste, Paris.

Aubert G. [2014], *Les Révoltés du papier timbré, 1675. Essai d'histoire événementielle*, PUR, Rennes.

— [2015], *Révoltes et répressions dans la France moderne*, Armand Colin, Paris.

— [2017], « Et la révolte devint rurale... ou comment la révolte du papier timbré est devenue celle des Bonnets rouges », *in* Bravo P. et D'Anico J.-C. (dir.),

Territoires, lieux et espaces des révoltes, XIVe-XVIIIe siècle, Éditions universitaires de Dijon, Dijon.

BAHUS-LESCOURRET H. [1999], « La révolte des métayers du Bas-Adour dans les années vingt », *Annales du Midi*, n° 225, p. 47-63.

BANTIGNY L. [2007], *Le plus bel âge ? Jeunes et jeunesse en France de l'aube des « Trente Glorieuses » à la guerre d'Algérie*, Fayard, Paris.

— [2018], *1968. De grands soirs aux petits matins*, Seuil, Paris.

BARKER J. [2014], *1381. The Year of the Peasants' Revolt*, Harvard University Press, Cambridge.

BARRON P. *et al.* [2011], *On bosse ici, on reste ici ! La grève des sans-papiers*, La Découverte, Paris.

BARTHÉLEMY D. [1985], « Lectures de Guibert de Nogent », Actes du congrès de la SHMESP, *Les Origines des libertés urbaines*, Rouen p. 175-192.

BARZMAN J. et CASTELAIN J.-P. (dir.) [2015], *Jules Durand. Un crime social et judiciaire*, L'Harmattan, Paris (voir aussi le site www.julesdurand.fr).

BECKER J.-J. [1977], *Comment les Français sont entrés en guerre*, Presses de Sciences Po, Paris.

BEIK W. [1984], « État et société en France au XVIIIe siècle. La taille en Languedoc et la question de la redistribution sociale », *Annales ESC*, vol. 39, n° 6, p. 1270-1278.

— [1997], *"Urban" Protest in Seventeenth-Century France. The Culture of Retribution* Cambridge University Press, New York.

— [2005], « La participation du menu dans la France moderne », *in* BARBICHE B. *et al.*, *Pouvoirs, contestations et comportements dans l'Europe moderne*, Presses de l'université Paris-Sorbonne, Paris, p. 43-59.

BÉLIVEAU D. [1989], « La participation des femmes aux révoltes frumentaires en France dans la première moitié du XIXe siècle », *Révolte et société*, revue *Sources. Travaux historiques*, n° 15-18.

BÉNÉTON P. et TOUCHARD J. [1970], « Les interprétations de la crise de mai-juin 1968 », *Revue française de sciences politiques*, n° 20-3, p. 503-544.

BENIGNO F., BOURQUIN L. et HUGON A. [2019], *Violences en révolte. Une histoire culturelle européenne (XIVe-XVIIIe siècle)*, PUR, Rennes.

BENOT Y. [2005], *Les Lumières, l'esclavage, la colonisation*, textes réunis par Roland Desné et Marcel Dorigny, La Découverte, Paris.

BENSIMON F. [2012], « Le chartisme », *in* PIGENET M. et TARTAKOWSKY D. (dir.), *Histoire des mouvements sociaux en France de 1814 à nos jours*, La Découverte, Paris.

BERCÉ Y.-M. [1974], *Croquants et Nu-pieds. Les soulèvements paysans du XVIe au XIXe siècle*, Gallimard, Paris.

— [1976], *Fête et révolte. Des mentalités populaires du XVIe au XVIIIe siècle*, Hachette, Paris.

— [2018], *Violence et répression dans la France moderne*, CNRS éditions, Paris.

BERLIÈRE J.-M. [1993a], « Ordre et sécurité. Les nouveaux corps de police de la Troisième République », *Vingtième Siècle*, n° 39, p. 23-37.

— [1993b], « Du maintien de l'ordre républicain au maintien

républicain de l'ordre », *Genèses*, n° 12, p. 6-29.

Béroud S. [2010], « Violence et radicalité dans les conflits du travail : quelques pistes d'analyse », *in* Ndiaye A. et Ferrand-Bechmann D. (dir.), *Violences et société. Regards sociologiques*, Desclée de Brouwer, Paris, p. 147-163.

Berstein S. [1975], *Le 6 février 1934*, Gallimard/Julliard, Paris.

Bianchi S. [1977], « Maurice Dommanget (1888-1976) », *Annales historiques de la Révolution française*, n° 227, p. 71-86.

— [2004], *Des révoltes aux révolutions. Europe, Russie, Amérique (1770-1802)*, PUR, Rennes.

Bianchi S. et Dupuy R. (dir.) [2006], *La Garde nationale entre nation et peuple en armes. Mythes et réalités, 1789-1871*, PUR, Rennes.

Bischoff G. [2009], « Contestation paysanne entre Vosges et Forêt noire : la génération du Bundschuh (1493-1525) », *in* Brunel G. et Brunet S. (dir.), *Haro sur le seigneur ! Les luttes anti-seigneuriales dans l'Europe médiévale et moderne*, Presses universitaires du Mirail, Toulouse.

— [2010], *La Guerre des paysans. L'Alsace et la révolution du Bundschuh, 1493-1525*, La Nuée bleue, Strasbourg.

Blickle P. (dir.) [1998], *Résistance, représentation et communauté*, PUF, Paris.

— [2000], *Kommunalismus. Skizzen einer gesellschaftlichen Organisationsform*, présentation en français *in* Morsel J., « Lecture de Peter Blickle », http://lamop.univ-paris1.fr.

Bloch M. [1946], *L'Étrange Défaite*, Gallimard, « Folio », Paris, 1990.

— [1949], *Apologie pour l'histoire*, Armand Colin, Paris, 1997.

Bois P. [1960], *Paysans de l'Ouest. Des structures économiques et sociales aux options politiques depuis l'époque révolutionnaire dans la Sarthe*, Mouton, Paris.

Bonnet S. et Humbert R. [1981], *La Ligne rouge des hauts fourneaux. Grèves dans le fer lorrain en 1905*, Denoël/Serpenoise, Paris/Strasbourg.

Bonnot G. [2019], « Dynamiques de la rémission et détours de la résolution de la conflictualité : le règlement de la jacquerie de 1358 », *in* SHMESP, *Contester au Moyen Âge. De la désobéissance à la révolte. XLIX*e *Congrès de la SHMESP (Rennes, 2018)*, Éditions de la Sorbonne, Paris.

Boone M. [2005], « Armes, coursses, assemblees et commocions. Les gens de métiers et l'usage de la violence dans la société urbaine flamande à la fin du Moyen Âge », *Revue du Nord*, n° 359 p. 7-33.

— [2008], « Le comté de Flandres dans le long xive siècle : une société urbanisée face aux crises du Bas-Moyen Âge », *in* Bourin M., Cherubini G. et Pinto G. (dir.), *Rivolte urbane e rivolte contadine nell'Europa del Trecento. Un confronto*, Presses universitaires de Florence, Florence, p. 17-48.

Borne D. [1977], *Petits-bourgeois en révolte ? Le mouvement Poujade*, Flammarion, Paris.

Bouchet T. [2012], « Les barricades des 5-6 juin 1832 », *in* Pigenet M. et Tartakowsky D.

(dir.), *Histoire des mouvements sociaux en France de 1814 à nos jours*, La Découverte, Paris.

Bourdieu P. [1979], *La Distinction*, Minuit, Paris.

Bourdin P., Caron J.-C. et Bernard M. (dir.) [2005], *La Voix et le geste. Une approche socio-culturelle de la violence socio-politique*, Presses universitaires Blaise-Pascal, Clermont-Ferrand.

Bourguinat N. [2002], *Les Grains du désordre. L'État face aux violences frumentaires dans la première moitié du XIXe siècle*, Éditions de l'EHESS, Paris.

— [2012], « La contestation paysanne entre communauté et nation. Un temps de transition (1830-1880) », *in* Pigenet M. et Tartakowsky D. (dir.), *Histoire des mouvements sociaux en France de 1814 à nos jours*, La Découverte, Paris.

Bourin M. [2008], « Les révoltes dans la France du XIVe siècle : traditions historiographiques et nouvelles recherches », http://concours.histegeo.org/Les_revoltes.pdf.

Bourin M., Cherubini G. et Pinto G. (dir.) [2008], *Rivolte urbane e rivolte contadine nell'Europa del Trecento. Un confronto*, Presses universitaires de Florence, Florence.

Bourquin J. [2007], « De la correction à l'éducation. Aniane, une institution pour mineurs », *Revue d'histoire de l'enfance « irrégulière »*, hors-série, *Pages d'histoire, la protection judiciaire des mineurs, XIXe-XXe siècles*, p. 219-258.

Boutier J. [1987], *Campagnes en émois. Révoltes et Révolution en Bas-Limousin, 1789-1800*, Les Monédières, Treignac.

Bouton C. [1993], *The Flour War. Gender, Class and Community in Late Ancien Régime French Society*, Pennsylvania State University Press, University Park.

— [2000], « Les mouvements de subsistance et le problème de l'économie morale sous l'Ancien Régime et la Révolution française », *Annales historiques de la Révolution française*, n° 319, p. 71-100.

Bove B. [2009], *Le Temps de la guerre de Cent Ans, 1328-1453*, Belin, Paris.

Bové J. et Dufour F. [2000], *Le monde n'est pas une marchandise. Des paysans contre la malbouffe*, La Découverte, Paris.

Bové J. et Luneau G. [2004], *Pour la désobéissance civique*, La Découverte, Paris.

Branche R. et Thénault S. (dir.) [2008], *La France en guerre (1954-1962). Expériences métropolitaines de la guerre d'indépendance algérienne*, Autrement, Paris.

Bravo P. et D'Amico J.-C. (dir.) [2017], *Territoires, lieux et espaces de la révolte (XIVe-XVIIIe siècle)*, Éditions universitaires de Dijon, Dijon.

Bravo P. *et al.* [2019], « Des mots et des gestes. Le corps et la voix dans l'univers de la révolte (XIVe-XVIIIe siècle) », *Histoire, économie et société*, n° 2019/1, 38e année.

Broad J. *et al.* [2006], « Révoltes urbaines, révoltes rurales », *in* Antoine A. et Michon C. (dir.), *Les Sociétés au XVIIe siècle. Angleterre, Espagne, France*, PUR, Rennes.

BRODIER DELINO A. [2009], *Emmaüs et l'abbé Pierre*, Presses de Sciences Po, Paris.

BRUNEL G., FREEDMAN P. et BOURIN M. [2005], « Les hommes de corps du chapitre cathédral de Laon (1200-1460) : continuité et crises de la servitude dans une seigneurie ecclésiastique », *in* BOURIN M. et FREEDMAN P. (dir.), *Forms of Servitude in Northern and Central Europe*, Brepols, Turnhout.

BRUNEL G. et BRUNET S. (dir.) [2009], *Haro sur le seigneur ! Les luttes anti-seigneuriales dans l'Europe médiévale et moderne*, Presses universitaires du Mirail, Toulouse.

BRUNETEAU P. [1993], « Le désordre de la répression en France, 1871-1921. Des conscrits aux gendarmes mobiles », *Genèses*, n° 12, p. 30-46.

— [1996], *Maintenir l'ordre. Les transformations de la violence d'État en régime démocratique*, Presses de Sciences Po, Paris.

BRUSTIER G. [2016], *#Nuit debout. Que penser ?* Éditions du Cerf, Paris.

BURSTIN H. [2005], *L'Invention du sans-culottes*, Odile Jacob, Paris.

BUTEL P. [2002], *Histoire des Antilles françaises, XVIIe-XXe siècle*, Perrin, Paris.

CARDI C. et PRUVOST G. (dir.) [2012], *Penser la violence des femmes*, La Découverte, Paris.

CARON J.-C. [1991], *Générations romantiques. Les étudiants de Paris et le Quartier latin (1814-1851)*, Armand Colin, Paris.

— [2002], *L'Été rouge. Chronique de la révolte populaire en France, 1841*, Aubier, Paris.

— [2006], *Les Feux de la discorde. Conflits et incendies dans la France du XIXe siècle*, Hachette, Paris.

— [2008], « Révoltes collégiennes, élites juvéniles et société post-révolutionnaire (1815-1848) », *Histoire de l'éducation*, n° 118.

— (dir.) [2010], « L'antiparlementarisme entre continuité et mutations (XVIIIe-XXIe siècle) », *Siècles*, n° 32.

— [2012], *1848, le printemps des peuples*, Garnier, Paris.

— (dir.) [2014], *Paris, l'insurrection capitale*, Champ Vallon, Ceyzérieu.

CAROTENUTO A. [2021], *Esclaves et résistances à l'île Bourbon (1750-1848). De la désobéissance ordinaire à la révolte*, Les Indes savantes, Paris.

CASSARD J.-C. [2011], *L'Âge d'or capétien, 1180-1328*, Belin, Paris.

CASTEL R. [1995], *Les Métamorphoses de la question sociale*, Fayard, Paris.

CASTELLS M. [2009], *Communication et pouvoir*, Éditions de la Maison des sciences de l'homme, Paris, 2013.

— [2012], *Networks of Outrage and Hope. Social Movements in the Internet Age*, Polity, Cambridge.

CATTACIN S., GIUGNY M. et PASSY F. [1997], *États et mouvements sociaux. La dialectique de la société politique et de la société civile*, Actes Sud, Arles.

CAZALS R. [1978], *Avec les ouvriers de Mazamet dans la grève et l'action quotidienne, 1909-1914*, Maspero, Paris.

CEGARRA M. [1995], « Du bled au terril : les mineurs marocains dans le Nord », *Hommes et Migrations*, n° 1192, p. 19-26.

CHALLET V. [1998], « La révolte des Tuchins : banditisme social ou

sociabilité villageoise ? », *Médiévale*, n° 34, p. 101-112.
— [2009], « Seigneurs et paysans dans la révolte des Tuchins », *in* BRUNEL G. et BRUNET S. (dir.), *Haro sur le seigneur ! Les luttes anti-seigneuriales dans l'Europe médiévale et moderne*, Presses universitaires du Mirail, Toulouse.
— [2011], « Al Arma ! Al Arma ! Prises d'armes et recours aux armes à l'époque médiévale », *Annales de Bretagne et des Pays de l'Ouest*, n° 118, p. 21-34.
— [2013], « *Mueyron, mueyron los traidors* : histoire d'un cri judiciaire », *in* CHAUVAUD F. et PRÉTOU P. (dir.), *Clameur publique et émotions judiciaires, de l'Antiquité à nos jours*, PUR, Rennes.
— [2014], « Montpellier 1379 : une communauté au miroir de sa révolte », *in* CARMONA RUIZ M. A., CHALLET V., DUMOLYN J. et OLIVA HERRER H. R. (dir.), *La communidad medieval como esfera publica*, Presses universitaires de Séville, Séville.
— [2018], « Entre oubli et résurgence : le souvenir des révoltes paysannes dans l'Occident médiéval », *in* HERRERO SANCHEZ M., JETTO S. et MERLE A. (dir.), *La Mémoire des révoltes en Europe à l'époque moderne*, Classiques Garnier, Paris.
— [2019a], « "Faire violence" : la violence comme langage politique en contexte rébellionnaire à la fin du Moyen Âge », *in* BENIGNO F., BOURQUIN L. et HUGON A. (dir.), *Violences en révolte. Une histoire culturelle européenne (XIVe-XVIIIe siècle)*, PUR, Rennes.
— [2019b], « Dialogue ou contestation ? La rébellion comme langage et culture politique en Europe à la fin du Moyen Âge », *in* SHMESP, *Contester au Moyen Âge. De la désobéissance à la révolte. XLIXe Congrès de la SHMESP (Rennes, 2018)*, Éditions de la Sorbonne, Paris.
CHALLET V. et HAEMERS J. [2016], « La révolte médiévale en image », *in* HUGON A. et GAUMY T. (dir.), *Images et révoltes dans le livre et l'estampe du XIVe au XVIIIe siècle*, catalogue d'exposition de la Bibliothèque Mazarine, Éditions des Cendres, Paris.
CHALLET V. et HERMANT H. [2019], « Des mots et des gestes. Le corps et la voix dans l'univers de la révolte (XIVe-XVIIIe siècle) », *Histoire, économie et société*, vol. 2019/1, p. 4-14.
CHAPPEY J.-L. *et al.* [2012], *Pour quoi faire la Révolution*, Agone, Marseille.
CHEVALIER B. [1982], « Corporations, conflits politiques et paix sociale en France aux XIVe et XVe siècles », *Revue historique*, t. 268, fasc. 1 (543), p. 17-44.
CLAVIER L. et HINCKER L. [1997], « La barricade de juin 1848 : une construction politique », *in* CORBIN A. et MAYEUR J.-M., *La Barricade*, Éditions de la Sorbonne, Paris.
COBB R. [1975], *La Protestation populaire en France (1789-1820)*, Calmann-Lévy, Paris.
COHEN D. [2010a], *La Nature du peuple. Les formes de l'imaginaire social*, Champ Vallon, Seyssel.
— [2010b], « Les répertoires de l'action : logiques sociales des acteurs ou contraintes de

l'espace de réception ? L'exemple de la révolte des masques armés (1783-1785) », *AHRF*, n° 359.

Cohen D. et Guilhaumou J. [2010], « Crises et révoltes sociales dans l'historiographie de la France contemporaine », *Actuel Marx*, n° 47, p. 43-53.

Cohn S. K. [2006], *Lust for Liberty. The Politics of Social Revolt in Medieval Europe, 1200-1425, Italy, France, and Flanders*, Harvard University Press, Cambridge/Londres.

Collovald A. [1991], « Histoire d'un mot de passe : poujadisme », *Genèses*, n° 3, p. 97-119.

Combes A. *et al.* [2011], « Observer les mobilisations, retour sur les ficelles du métier de sociologue des mouvements sociaux », *Politix*, n° 93, p. 7-27.

Confavreux J. (dir.) [2019], *Le fond de l'air est jaune*, Seuil, Paris.

Cooper-Richet D. [1998], « La foule en colère : les mineurs et la grève au xixe siècle », *Revue d'histoire du xixe siècle*, t. 17, p. 57-67.

Coquelle P. [1908], « La sédition de Montpellier en 1645, d'après des documents inédits des archives des Affaires étrangères », *Annales du Midi*, vol. 20, n° 77, p. 66-78.

Corbin A. [1990], *Le Village des cannibales*, Aubier, Paris.

— [1993], « La violence rurale dans la France du xixe siècle et son dépérissement : l'évolution de l'interprétation politique », *Cultures et conflits*, n° 9-10.

Corbin A. et Mayeur J.-M. (dir.) [1997], *La Barricade*, Éditions de la Sorbonne, Paris.

Cothias S. [2015], « La grève des mineurs de 1963 dans les Houillères de Lorraine : témoins de la résilience des syndicats de mineurs », *in* Aprile S. *et al.*, *Les Houillères entre l'État, le marché et la société*, Presses universitaires du Septentrion, Villeneuve-d'Ascq.

Courcelles-Labrousse V. et Marmié-Maniglier N. [2008], *La Guerre du Rif*, Taillandier, Paris.

Crettiez X. [2008], *Les Formes de la violence*, La Découverte, « Repères », Paris.

Cusset F. [2015], « Les nouvelles logiques de la révolte. Enquête sur le renouveau pratique et théorique de la contestation », *Revue du Crieur*, n° 2, p. 128-143.

Cuvilliers A. [1954], *Un journal d'ouvriers : l'Atelier (1840-1850)*, Éditions ouvrières, Paris.

Damamme D., Gobille B., Matonti F. et Pudal B. (dir.) [2008], *Mai-Juin 68*, Éditions de l'Atelier, Paris.

Davies C. S. [1969], « Les révoltes populaires en Angleterre (1500-1700) », *Annales. Économies, sociétés, civilisations*, 24e année, n° 1, p. 24-60.

Dechézelles S. et Olive M. (dir.) [2017], « Mouvements d'occupation », *Politix*, n° 117.

Delalande N. [2011], *Les Batailles de l'impôt. Consentement et résistances de 1789 à nos jours*, Seuil, Paris.

— [2014], « Le retour des révoltes fiscales ? », *Pouvoirs*, n° 151, p. 15-25.

Delalande N. et Spire A. [2010], *Histoire sociale de l'impôt*, La Découverte, « Repères », Paris.

Delpirou A. [2019], « La couleur des Gilets jaunes », *in* Confavreux J. (dir.), *Le fond de l'air est jaune*, Seuil, Paris.

DELUERMOZ Q. [2020], *Commune(s) 1870-1871. Une traversée des mondes au XIXe siècle*, Seuil, Paris.

DESCHAMP M. [2016], « Les révoltes en image. Le cas du Saint Empire romain germanique », *in* HUGON A. et GAUMY T. (dir.), *Images et révoltes dans le livre et l'estampe du XIVe au XVIIIe siècle*, catalogue d'exposition de la Bibliothèque Mazarine, Éditions des Cendres, Paris.

DÉSIRÉ-VUILLEMIN G. [1973], « Les grèves dans la région de Limoges de 1905 à 1914 », *Annales du Midi*, n° 111, p. 51-84.

DIARD C. [2016], « Faut-il donner des primes de risques aux DRH ? », theconversation.com.

DORNEL L. [2004], *La France hostile. Socio-histoire de la xénophobie (1870-1914)*, Hachette, Paris.

— [2007], « Chronique de la haine ordinaire. Une rixe entre ouvriers français et italiens à Ravières (Yonne) en 1880 », *Diaspora. Histoire et sociétés*, n° 10, p. 105-111.

— [2012], « Les mouvements xénophobes (années 1880-1930) », *in* PIGENET M. et TARTAKOWSKY D. (dir.), *Histoire des mouvements sociaux en France de 1814 à nos jours*, La Découverte, Paris.

DUBY G. [1978], *Les Trois Ordres ou l'imaginaire du féodalisme*, Gallimard, Paris.

DUMAY J.-B. [1976], *Mémoires d'un militant ouvrier du Creusot*, Maspero, Paris.

DUMOLYN J. [2015], « Les "plaintes" des villes flamandes à la fin du XIIIe siècle et les discours et pratiques politiques de la commune », *Le Moyen Âge*, vol. CXXI, p. 383-407.

DUPUY R. [1988], *De la Révolution à la Chouannerie, paysans en Bretagne (1788-1794)*, Flammarion, Paris.

ELIAS N. [1939], *Le Processus de civilisation*, Calmann-Lévy, Paris, 1973.

ELLIS S. [1998], *L'Insurrection des Menalamba. Une révolte à Madagascar (1885-1898)*, Karthala, Paris.

ENGELS F. [1850], *La Guerre des paysans en Allemagne*, Ampelos, Maisons-Laffitte, 2017.

ERTZSCHEID O. [2019], « De l'algorithme des pauvres gens à l'Internet des familles modestes », *in* CONFAVREUX J. (dir.), *Le fond de l'air est jaune*, Seuil, Paris.

EXCOFFIER C. [2020], *1 000 ans de révoltes paysannes. Une histoire d'émancipation et de défense des communs*, L'Atinoir, « Université populaire », Marseille.

FARGE A. [1991], « Évidentes émeutières », *in* DAVIS N. Z. et FARGE A. (dir.), *Histoire des femmes, XVIe-XVIIIe siècle*, t. III, Plon, Paris.

FARGETTAS J. [2006], « La révolte des tirailleurs sénégalais de Tiaroye. Entre reconstructions mémorielles et histoire », *Vingtième Siècle*, n° 92, p. 117-130.

FARIS D. M. [2012], « La révolte en réseau : le "printemps arabe" et les médias sociaux », *Politique étrangère*, vol. 11, p. 99-109.

FAURE A. [1974], « Mouvements populaires et mouvement ouvrier à Paris, 1830-34 », *Le Mouvement social*, n° 88, p. 51-92.

FERRAN A. [2007], *L'État face à la révolte de 1907. Le traitement par la justice de la colère des vignerons du Midi*, La Découverte, Paris.

Figeac M. (dir.) [2018], *État, pouvoirs et contestations dans les monarchies françaises et britanniques, vers 1640-vers 1780*, Armand Colin, Paris.

Fillieule O. [1997], *Stratégies de la rue. Les manifestations en France*, Presses de Sciences Po, Paris.

— [2010], « Tombeau pour Charles Tilly », *in* Agrikoliansky E., Sommier I. et Fillieule O. (dir.), *Penser les mouvements sociaux*, La Découverte, « Recherches », Paris.

Fillieule O. et Broqua C. [2002], « Les mouvements homosexuels », *in* Sommier I. et Crettiez X. (dir.), *La France rebelle*, Michalon, Paris.

Fillieule O., Mathieu L. et Péchu C. (dir.) [2009], *Dictionnaire des mouvements sociaux*, Presses de Sciences Po, Paris.

Fillieule O. et Sommier I. [2012], « Généalogie du mouvement altermondialiste en France », *Cahier d'histoire immédiate*, n° 41, p. 61-76.

Foisil M. [1970], *La Révolte des Nu-pieds et les révoltes normandes de 1639*, PUF, Paris.

Foucault M. [1975], *Surveiller et punir. Naissance de la prison*, Gallimard, Paris.

Fouquet V. et Noé J.-B. [2019], *La Révolte fiscale. L'impôt : histoire, théories et avatars*, Calmann-Lévy, Paris.

Fourquin G. [1964], *Les Campagnes de la région parisienne à la fin du Moyen Âge*, PUF, Paris.

Frémeaux J. [1997], « Les barricades d'Alger (24 janvier-1er février 1960) », *in* Corbin A. et Mayeur J.-M., *La Barricade*, Éditions de la Sorbonne, Paris.

Fremigacci J. [2010], « Madagascar ; la grande révolte de 1947 », *L'Histoire-Collection*, n° 49.

Frobert L. [2009], *Les Canuts ou la démocratie turbulente*, Taillandier, Paris.

— [2012], « "Vivre en travaillant ou mourir en combattant." Les révoltes des Canuts (1831-1834) », *in* Pigenet M. et Tartakowsky D. (dir.), *Histoire des mouvements sociaux en France de 1814 à nos jours*, La Découverte, Paris.

Furet F. [1995], *Le Passé d'une illusion. Essai sur l'idée communiste au XXe siècle*, Robert Laffont/Calmann-Lévy, Paris.

Gambrelle F. et Trebitsch M. (dir.) [2000], *Révolte et société*, Publications de la Sorbonne, Paris.

Garrigues J. [1992], *Le Boulangisme*, PUF, « Que sais-je ? », Paris.

— [2012], « Le boulangisme comme mouvement social ou les ambiguïtés d'un social-populisme », *in* Pigenet M. et Tartakowsky D. (dir.), *Histoire des mouvements sociaux en France de 1814 à nos jours*, La Découverte, Paris.

Gauthier F. et Ikni G.-R. (dir.) [1988], *La Guerre du blé au XVIIIe siècle*, Éditions de la Passion, Paris.

Gauvart C. [2004], « Révoltes populaires », *in* Gauvart C., Libera A. de et Zink M. (dir.), *Dictionnaire du Moyen Âge*, PUF, Paris.

Gayot G. [1998], *Les Draps de Sedan, 1646-1870*, Éditions de l'EHESS/Terres ardennaises, Paris.

Geerkens E., Hatzfeld N., Lespinet-Moret I. et Vigna X. (dir.)

[2019], *Les Enquêtes ouvrières dans l'Europe contemporaine*, La Découverte, Paris.
GEGGUS D. P. [2001], *The Impact of the Haitian Revolution in the Atlantic World*, University of Carolina Press, Columbia.
GEORGI F. [2014], « Lip ou le rêve d'un monde sans patrons ! », *L'Histoire-Mensuel*, n° 404.
GERARDIN E. [2016], « La rémission des "Rustauds". Restaurer l'obéissance paysanne par le pardon à l'époque de la guerre des Paysans dans le duché de Lorraine et la Basse-Alsace », *Histoire et société rurale*, n° 46, p. 69-96.
GHIO B. [2016], *Sans fautes de frappe. Rap et littérature*, Le Mot et le Reste, Marseille.
GILLET M. [1987], « La grève c'est la fête. XIXe et XXe siècles », *Revue du Nord*, vol. 69, n° 274, p. 645-658.
GLANCE D. [2018], « Les "Gilets jaunes", le réseau et le réel », theconversation.com.
GODINEAU D. [1986], « Travail et politique à Paris pendant la Révolution : l'exemple des Ateliers municipaux », *Annales historiques de la Révolution française*, n° 263, p. 35-49.
— [1988], *Citoyennes tricoteuses. Les femmes du peuple à Paris pendant la Révolution française*, Perrin, Paris, 2004.
GODINEAU L. [2012], « Après la Commune », *in* PIGENET M. et TARTAKOWSKY D. (dir.), *Histoire des mouvements sociaux en France de 1814 à nos jours*, La Découverte, Paris.
GOSSEZ R. [1953], « La résistance à l'impôt : les quarante-cinq centimes », *Bibliothèque de la Révolution de 1848*, vol. 15, *Études*, p. 89-132.
GRANDCOING P. [1997], « Les barricades du printemps 1905 à Limoges : la mémoire de la grève », *in* CORBIN A. et MAYEUR J.-M. (dir.), *La Barricade*, Éditions de la Sorbonne, Paris.
GRANJON F. [2002], « Les répertoires d'action télématiques du néo-militantisme », *Le Mouvement social*, n° 200, p. 1-32.
GRENIER C. [2007], « La protestation des rappelés en 1955, un mouvement d'indiscipline dans la guerre d'Algérie », *Le Mouvement social*, n° 218, p. 45-61.
GRIBAUDI M. et RIOT-SARCEY M. [2008], *1848, la révolution oubliée*, La Découverte, Paris.
GUEDJ F. et VINDT G. [1997], *Le Temps de travail, une histoire conflictuelle*, La Découverte/Syros, Paris.
GUILLOREL É. [2018], « La mémoire comme moteur de la révolte. Réflexions autour du rôle subversif des traditions orales dans l'Europe moderne », *in* HERRERO SANCHEZ M., JETTO S. et MERLE A. (dir.), *La Mémoire des révoltes en Europe à l'époque moderne*, Classiques Garnier, Paris.
GWIAZDZINSKI L. [2019], « Le rond-point, fabrique quotidienne de solidarité », theconversation.com.
HAEMERS J. [2016], « Révolte et requête. Les gens de métiers et les conflits sociaux dans les villes de Flandre (XIIIe-XVe siècle) », *Revue historique*, n° 677.
HAFFEMEYER S. (dir.) [2015], *Révoltes et révolutions à l'écran. Europe moderne, XVIe-XVIIIe siècle*, PUR, Rennes.

Hamon P. [2017], « 1490 : les paysans bretons ont-ils la parole ? Une révolte cornouaillaise au miroir de ses sources », *Annales de Bretagne et des pays de l'Ouest*, n° 124-1, p. 59-83.

— [2019], « Le tocsin de la révolte : comment l'entendre ? (France, xive-début xixe siècle) », *Histoire, économie et société*, n° 1, p. 101-117.

Hamon H. et Rotman P. [1979], *Les Porteurs de valises. La résistance française à la guerre d'Algérie*, Albin Michel, Paris.

Hatzfeld N. [1995], « Sochaux-Peugeot en 68 : conflit d'entreprise et mouvement global », *Lettres d'information « Les années 68 : événements, cultures politiques et modes de vie »*, UMR Sirice (sirice.eu).

Hatzfeld N. et Lomba C. [2008], « La grève de Rhodiaceta en 1967 », *in* Damamme D. *et al.*, *Mai-Juin 68*, Éditions de l'Atelier, Paris.

Hatzfeld N. et Loubet J.-L. [2004], « Les conflits Talbot, du printemps syndical au tournant de la rigueur (1982-1984) », *Vingtième Siècle*, n° 84, p. 151-160.

Hayat S. [2019], « L'économie morale et le pouvoir », *in* Confavreux J. (dir.), *Le fond de l'air est jaune*, Seuil, Paris.

Hayes I. et Della Suda M. [2018], « Femmes, engagement et classes populaires. Une histoire vivante », *Le Mouvement social*, n° 265, p. 3-15.

Hector M. et Hurbon L. (dir.) [2009], *Genèse de l'État haïtien (1804-1859)*, Éditions de la Maison des sciences de l'homme, Paris.

Hédrich M. [2020], *L'Affaire Jules Durand. Quand l'erreur judiciaire devient crime*, Michalon, Paris.

Helg A. [2016], *Plus jamais esclaves ! De l'insoumission à la révolte, le grand récit d'une émancipation (1492-1838)*, La Découverte, Paris.

Héliot P. [1935], « La guerre dite de Lustucru et les privilèges du Boulonnais », *Revue du Nord*, n° 84, p. 265-318.

Herrero Sanchez M., Jetto S. et Merle A. (dir.) [2018], *La Mémoire des révoltes en Europe à l'époque moderne*, Classiques Garnier, Paris.

Higounet C. (dir.) [1984], *Les Communautés villageoises en Europe occidentales, du Moyen Âge aux temps modernes*, Flaran 4, Presses universitaires du Midi, Toulouse.

Hilton R. [1979], *Les Mouvements paysans du Moyen Âge et la révolte anglaise de 1381*, Flammarion, Paris.

— [1989], « Révoltes rurales et révoltes urbaines au Moyen Âge », *Révolte et société*, revue *Sources. Travaux historiques*, n° 15-18.

Hincker F. [1971], *Les Français devant l'impôt sous l'Ancien Régime*, Flammarion, Paris.

Hincker L. [2008], *Citoyens-combattants à Paris, 1848-1851*, Presses universitaires du Septentrion, Villeneuve-d'Ascq.

HK Le Saltimbank [2013], « Los Fralibos : les ouvriers de Fralib chantent leur lutte », blog sur Médiapart, 30 décembre.

Hobsbawm E. J. [1966], *Les Primitifs de la révolte dans l'Europe moderne*, Fayard, Paris.

Holt M. P. [1997], « Culture populaire et culture politique au xviie siècle : l'émeute de Lanturlu à Dijon en 1630 », *Histoire, économie et société*, n° 16/4, p. 597-615.

Hugon A. et Gaumy T. (dir.) [2016], *Images et révoltes dans le livre et l'estampe du xive au xviiie siècle*, catalogue d'exposition de la Bibliothèque Mazarine, Éditions des Cendres, Paris.

James C. L. R. [1938a], *Les Jacobins noirs. Toussaint Louverture et la révolution de Saint-Domingue*, Éditions Amsterdam, Paris, 2017.

— [1938b], *Histoire des révoltes panafricaines*, Éditions Amsterdam, Paris, 2018.

Jarrige F. [2009], *Le Temps des « tueuses de bras ». Les bris de machines à l'aube de l'ère industrielle (1780-1860)*, PUR, Rennes.

— [2012], « Le luddisme, refus de la mécanisation », *in* Pigenet M. et Tartakowsky D. (dir.), *Histoire des mouvements sociaux en France de 1814 à nos jours*, La Découverte, Paris, p. 69-78.

— [2014], « Est-il absurde de casser les machines ? », *L'Histoire-Mensuel*, n° 404.

Jatteau A. [2019], « Les Gilets jaunes et les sciences sociales », *Lectures*.

Jeanpierre L. [2019], *In Girum. Les leçons politiques des ronds-points*, La Découverte, Paris.

Joblin A. [2003], « Les milices provinciales dans le Nord de la France à l'époque moderne », *Revue du Nord*, n° 350, p. 279-296.

Joutard P. [1976], *Les Camisards*, Gallimard/Julliard, Paris.

Kaplan S. [1986], *Le Pain, le peuple et le roi*, Perrin, Paris.

Kolboom I. [1986], *La Revanche des patrons. Le patronat français face au Front populaire*, Flammarion, Paris.

Lagadec Y. [2011], « Prendre et/ou porter les armes entre les xiiie et xixe siècles, un facteur de politisation ? », *Annales de Bretagne et des pays de l'Ouest*, n° 218-4, p. 7-20.

Laffont J.-L. [2016], « Les femmes dans les révoltes populaires en France à l'époque moderne », communication présentée à l'Académie des Sciences, Inscriptions et Belles Lettres de Toulouse le 28 avril 2016, academie-sciences-lettres-toulouse.fr.

Lambert B. [1970], *Les Paysans dans la lutte des classes*, Seuil, Paris.

Lapeyronnie D. [2006], « Révolte primitive dans les banlieues françaises, essai sur les émeutes de l'automne 2005 », *Médecine et hygiène*, vol. 30, p. 431-448.

Laurent E. [2009], « Peut-on se fier à la "société de défiance" ? », laviedesidees.fr.

— [2019], *L'Économie de la confiance*, La Découverte, « Repères », Paris.

Le Bras H. [2019], « La mobilisation des Gilets jaunes recoupe la diagonale du vide », *in* Fottorino E. (dir.), *Les Gilets jaunes, et après ?* Le 1, Paris.

Leclercq R. J. [1983], « Les conflits du secteur bancaire depuis 1974 : de la revendication organisationnelle à l'action contestataire », *Sociologie du travail*, n° 25-1, p. 79-92.

Lees L. et Tilly C. [1974], « Le peuple de juin 1848 », *Annales ESC*, n° 29-5.

Lefebvre G. [1932], *La Grande Peur de 1789*, Armand Colin, Paris, 2014.

Lefetey B. [2015], *Sivens, un barrage contre la démocratie*, Les Petits Matins, Paris.

Lejeune D. [2017], *L'Émeute de Buzançais, Indre, janvier 1847*, hal.archives-ouvertes.

Lelièvre C. [2019], « 30 ans de luttes étudiantes : la victoire est-elle dans la convergence ? », theconversation.com.

Lemarchand G. [1970], « À propos de la révolte des Va Nu-pieds », *Annales de Normandie*, n° 20-4, p. 331-342.

— [2001], « Révolte à Caen 1812 », *Annales historiques de la Révolution française*, n° 323, p. 142-145.

— [2002], « Troubles populaires et société. Vues nouvelles sur l'Ancien Régime », *Annales historiques de la Révolution française*, n° 328, p. 211-223.

— [2005a], « À propos des révoltes et révolutions de la fin du XVIIIe siècle. Essai d'un bilan historiographique », *Annales historiques de la Révolution française*, n° 340, p. 145-174.

— [2005b], « Pour une typologie des troubles ruraux en Europe (1760-1802) », *Cahiers d'histoire*, n° 94-95, p. 27-56.

Le Roy Ladurie E. [1973], « La révolte des Nu-pieds de 1639 », *Annales ESC*, n° 28-3, p. 795-799.

— [1979], *Le Carnaval de Romans. De la Chandeleur au mercredi des Cendres (1579-1580)*, Gallimard, Paris.

Le 1 [2018], « Inégalités, La révolte des oubliés », n° 229, 12 décembre.

Lidski P. [1970], *Les Écrivains contre la Commune*, La Découverte, Paris, 2010.

Lignereux A. [2008], « La violence d'une force de l'ordre : la gendarmerie et la répression des rébellions (1800-1859) » *Déviance et société*, n° 32, p. 47-59.

Linhart R. [1978], *L'Établi*, Minuit, Paris.

Linton M. [1997], « Les femmes et la Commune de Paris », *Revue historique*, n° 298 p. 23-47.

Livrozet S. [1973], *De la prison à la révolte*, Mercure de France, Paris.

Loez A. [2010], *14-18 : le refus de la guerre. Une histoire des mutins*, Gallimard, Paris.

Lojkine J. [2016], *La Révolution informationnelle et les nouveaux mouvements sociaux*, Le Bord de l'eau, Lormont.

Loubère L. *et al.* [2019], *De Facebook à Twitter. Regards croisés sur le mouvement des Gilets jaunes*, aoc.media.

Lynch E. [2010], « Mobilisations paysannes et antiparlementarisme dans la première moitié du XXe siècle », *Siècles*, n° 32.

— [2019], *Insurrections paysannes. De la terre à la rue. Usages de la violence au XXe siècle*, Vendémiaire, Paris.

Mandrou R. [1959], « Les soulèvements populaires et la société française au XVIIe siècle », *Annales ESC*, n° 14-4.

— [1969], « Vingt ans après, ou une direction de recherches fécondes : les révoltes populaires en France au XVIIe siècle », *Revue historique*, n° 242, p. 29-39.

Mansouri M. [2013], *Révoltes postcoloniales au cœur de l'Hexagone. Voix d'adolescents*, PUF/Le Monde, Paris.

Martin J.-C. [1998], *Contre-révolution, révolution et nation en France (1789-1799)*, Seuil, Paris.

— [2008], *La Révolte brisée. Femmes dans la Révolution française et l'Empire*, Armand Colin, Paris.

Martin J.-P. [2005], *La Confédération paysanne. Histoire de la nouvelle gauche paysanne*, La Découverte, Paris.

— [2012], « Des paysans contestataires et novateurs (années 60-début xxie siècle) », *in* Pigenet M. et Tartakowsky D. (dir.), *Histoire des mouvements sociaux en France de 1814 à nos jours*, La Découverte, Paris.

— [2014], « Les contestations paysannes autour de 1968. Des luttes novatrices mais isolées », *Histoire et sociétés rurales*, vol. 41, p. 89-136.

Mathieu L. [2004], *Comment lutter ? Sociologie et mouvements sociaux*, Textuel, Paris.

— [2004], « Des mouvements sociaux à la politique contestataire : les voix tâtonnantes d'un renouvellement de perspectives », *Revue française de sociologie*, n° 45, p. 561-580.

— [2008], « Les manifestations à Lyon », *in* Zancarini-Fournel M., *Mai 68 à Lyon*, bm-lyon.fr.

Mayeur J.-M. [1966], « Géographie de la résistance aux Inventaires », *Annales ESC*, n° 6, p. 1259-1272

Mazauric C. [2005], « Aperçu des tendances et des enjeux historiographiques », *Cahiers d'histoire*, n° 94-95, *Des révoltes de l'Europe à l'Amérique aux temps de la Révolution française (1772-1802)*.

Mazel F. [2010], *Féodalités, 888-1180*, Belin, Paris.

Melucci A. [1989], *Nomads of the Present*, Temple University Press, Philadelphie.

Memmi D. [2008], « Mai 68 ou la crise de la domination rapprochée », *in* Damamme D. *et al.*, *Mai-Juin 68*, Éditions de l'Atelier, Paris.

Mencherini R. [1998], *Guerre froide, grèves rouges : Parti communiste, stalinisme et luttes sociales en France. Les grèves « insurrectionnelles » de 1947-1948*, Syllepse, Paris.

Merle I. [1995], *Expériences coloniales. La Nouvelle-Calédonie (1853-1920)*, Belin, Paris.

Milliot V. (dir.) [2020], *Histoire des polices en France des guerres de religion à nos jours*, Belin, Paris.

Minard P. [1998], *La Fortune du colbertisme. État et industrie dans la France des Lumières*, Fayard, Paris.

Mohammed M. et Mucchielli L. (dir.) [2007], *Les Bandes de jeunes. Des « Blousons noirs » à nos jours*, La Découverte, « Recherches », Paris.

Mollat M. et Wolff P. [1970], *Les Révolutions populaires en Europe aux xive et xve siècles*, Calmann-Lévy, Paris.

Monod J.-C. [2019], « La crise de l'État néolibéral », *in* Confavreux J. (dir.), *Le fond de l'air est jaune*, Seuil, Paris.

Mouchard D. [2002], « Les mobilisations des "sans" dans la France contemporaine : l'émergence d'un "radicalisme autolimité" ? », *Revue française de science politique*, vol. 52, n° 4, p. 425-447.

Moulin A. [1988], *Les Paysans dans la société française*, Seuil, Paris.

Mousnier R. [1958], « Recherches sur les soulèvements populaires en France avant la Fronde », *Revue d'histoire moderne et contemporaine*, vol. 5, n° 2, p. 81-113.

— [1967], *Fureurs paysannes. Les paysans dans les révoltes du XVIIe siècle*, Calmann-Lévy, Paris.

Mouysset S. [2013], « Mandrin au miroir des écrits de son temps : intrépide contrebandier ou brigand scélérat ? », *in* Sottocasa V. (dir.) *Les Brigands. Criminalité et protestation politique (1750-1850)*, PUR, Rennes.

Mucchielli L. [2010], « Les émeutes urbaines dans la France contemporaine, un état des lieux », *Les Violences politiques en Europe*, La Découverte, « Recherches », Paris.

Musin A. et Nassiet M. [2012], « L'exercice de la rémission et la construction étatique (France, Pays-Bas) », *Revue historique*, n° 661, p. 3-26.

Nassiet M. [2009], « Les luttes anti-seigneuriales dans l'Ouest aux XVIe-XVIIe siècles », *in* Brunel G. et Brunet S. (dir.), *Haro sur le seigneur ! Les luttes anti-seigneuriales dans l'Europe médiévale et moderne*, Presses universitaires du Mirail, Toulouse.

Neveu E. [2019], *Sociologie des mouvements sociaux*, La Découverte, « Repères », Paris, 7e édition.

Neveux H. [1997], *Les Révoltes paysannes en Europe, XIVe-XVIIe siècle*, Albin Michel, Paris.

— [1999], « La justice, norme ambiguë de la paysannerie européenne (XVe-XVIIe siècle) », *Études rurales*, n° 149-150, *Justice et sociétés rurales*, p. 39-52.

Nicolas J. [2002], *La Rébellion française. Mouvements populaires et conscience sociale (1661-1789)*, Seuil, Paris.

Noiriel G. [1984], *Longwy. Immigrés et prolétaires (1880-1980)*, PUF, Paris.

— [1986], *Les Ouvriers dans la société française (XIXe-XXe siècles)*, Seuil, Paris.

— [2010], *Le Massacre des Italiens, Aigues-Mortes, 17 août 1893*, Fayard, Paris.

— [2018a], *Une histoire populaire de la France. De la guerre de Cent Ans à nos jours*, Agone, Marseille.

— [2018b], « Les Gilets jaunes et les "leçons de l'histoire" », blog sur Agone.org, 21 novembre.

— [2019], « Il faut se garder de donner des leçons à tout-va aux classes populaires », interview du 16 janvier 2019, *in* Fottorino E. (dir.), *Les Gilets jaunes, et après ?* Le 1, Paris.

— [2020], « Le "populaire" comme relation de pouvoir », *Revue d'histoire moderne et contemporaine*, vol. 67, n° 2, p. 63-67.

Noiriel G. et Truong N. [2019], *Les Gilets jaunes à la lumière de l'histoire*, Le Monde/Éditions de l'Aube, Paris/La Tour-d'Aigue.

Odin P. [2019], *Pwofitasyon. Luttes syndicales et anticolonialisme en Guadeloupe et en Martinique*, La Découverte, Paris.

Offerlé M. [2008], « Retour critique sur les répertoires de l'action collective (XVIIIe-XXIe siècle) », *Politix*, n° 81, p. 181-202.

Orkibi E. [2013], *Les Étudiants de France et la guerre d'Algérie. Identité et expression collective de l'UNEF (1954-1962)*, Syllepse, Paris.

Ory P. [1975], « Le dorgérisme : institution et discours d'une colère paysanne, 1929-1939 », *Revue d'histoire moderne et contemporaine*, vol. 22, n° 2, p. 168-190.

Ory P. et Sirinelli J.-F. [1986], *Les Intellectuels de l'affaire Dreyfus à nos jours*, Armand Colin, Paris.

Ozanam D. [1976], « État moderne et Croquants. Un conflit de civilisation au xviie siècle », *Bibliothèque de l'École des chartes*, vol. 134, livraison 2, p. 406-417.

Pagis J. [2014], *Mai 68, un pavé dans leur histoire ?* Presses de Sciences Po, Paris.

Paxton R. O. [1996], *Le Temps des chemises vertes. Révoltes paysannes et fascisme rural (1929-1939)*, Seuil, Paris.

Pech R. [2012], « La révolte des vignerons du Midi en 1907 : un mouvement social atypique et exemplaire », *in* Pigenet M. et Tartakowsky D. (dir.), *Histoire des mouvements sociaux en France de 1814 à nos jours*, La Découverte, Paris.

Pélaquier E. [1999], « Les mouvements anti-fiscaux en Languedoc d'après les archives de la Cour des comptes, aides et finances de Montpellier (1660-1789) », *Annales du Midi*, vol. 111, n° 225.

Pénissat E. [2005a], « Occuper les lieux de travail en 1936. Usages et enjeux sociaux et politiques », *Mots, les langages du politique*, n° 79, p. 131-142.

— [2005b], « Les occupations de locaux dans les années 1960-1970 : processus sociohistoriques de "réinvention" d'un mode d'action », *Genèses*, n° 59, p. 71-73.

Perrot M. [1978], « Le témoignage de Lucie Baud, ouvrière en soie » *Le Mouvement social*, n° 105, p. 139-146.

— [1984], *Jeunesse de la grève*, Seuil, Paris.

— [1998], « 1848, la révolution des femmes », *L'Histoire*, n° 218.

— [2007], « Dans le Paris de la Belle Époque, les "Apaches", premières bandes de jeunes », *La Lettre de l'enfance et de l'adolescence*, n° 67, p. 71-78.

— [2012], *Mélancolie ouvrière*, Grasset, Paris.

Perrot M. et Fridenson P. [2008], « Charles Tilly et la France », *Le Mouvement social*, n° 225, p. 143-145.

Peugny C. [2009], *Le Déclassement*, Grasset, Paris.

Peyroulou J.-P., Siari Tengour O. et Thénault S. [2014], « 1830-1880, la conquête coloniale et la résistance des Algériens », *in* Bouchène A. *et al.*, *Histoire de l'Algérie à la période coloniale (1830-1962)*, La Découverte, Paris.

Picq F. [2018], « Le bel après-mai du féminisme », *Les Utopiques*, n° 7, p. 257-263.

Pigenet M. [2012a], « Action directe et grève générale », *in* Pigenet M. et Tartakowsky D. (dir.), *Histoire des mouvements sociaux en France de 1814 à nos jours*, La Découverte, Paris.

— [2012b], « Les grèves d'août 1953 », *in* Pigenet M. et

Tartakowsky D. (dir.), *Histoire des mouvements sociaux en France de 1814 à nos jours*, La Découverte, Paris.

Pigenet M. et Tartakowsky D. (dir.) [2012], *Histoire des mouvements sociaux en France de 1814 à nos jours*, La Découverte, Paris.

Pillorget R. [1975], *Les Mouvements insurrectionnels de Provence entre 1596 et 1715*, Pédone, Paris.

Pirenne H. [1900], *Le Soulèvement de la Flandre maritime, 1323-1328*, Kiessling et Cie, Bruxelles.

Pitti L. [2004], « Les luttes centrales des OS immigrés », *Plein droit*, n° 63, p. 43-47.

Pleyers G. et Capitaine B. (dir.) [2016], *Mouvements sociaux. Quand le sujet devient acteur*, Éditions de la Maison des sciences de l'homme, Paris.

Ponsard N. [2008], « L'engagement de jeunes ouvriers et étudiants dans le mouvement contestataire clermontois en Mai-Juin 68 », *Siècles*, n° 28, *Jeunesse et pouvoirs à l'époque contemporaine (XIXe-XXe siècles)*.

Porchnev B. [1948], *Les Soulèvements populaires en France au XVIIe siècle*, SEVPEN, Paris, 1963.

Prost A. [1977], *Les Anciens Combattants et la société française, 1914-1939*, tome 2, *Sociologie*, Presses de la Fondation nationale des sciences politiques, Paris.

— (dir.) [1997], *La Résistance, une histoire sociale*, Éditions de l'Atelier, Paris.

— [2002], « Les grèves de mai-juin 1936 revisitées », *Le Mouvement social*, n° 200, p. 33-54.

Purseigle F. [2010], « La coordination rurale, nouvel acteur sur l'échiquier syndical », *in* Hervieu B. *et al.* (dir.), *Les Mondes agricoles en politique*, Presses de Sciences Po, Paris.

Rabier M. [2015], « Sous le bonnet, la classe : retour sur le mouvement des Bonnets rouges », *Agone*, n° 56, p. 153-172.

Raison du Cleuziou Y. [2019], *Une contre-révolution catholique. Aux origines de la Manif pour tous*, Seuil, Paris.

Renault R. [2017], « Refuser l'impôt, définir le bien commun. Antifiscalisme et pratiques politiques ordinaires en Allemagne au XVIIIe siècle », *Politix*, n° 119, p. 79-100.

Revillard A. [2003], « La sociologie des mouvements sociaux : structures de mobilisations, opportunités politiques et processus de cadrage », halshs.archives-ouvertes.

Revue d'histoire moderne et contemporaine [2020], *Faire une « Histoire populaire »*, vol. 67, n° 2.

Ribard D. et Schapira N. [2006], « À la recherche des écritures protestataires dans la France du XVIIe siècle. Du répertoire à l'action », *Genèses*, n° 63, p. 146-162.

Richet D. [1990], « Les barricades à Paris, le 12 mai 1588 », *Annales ESC*, n° 2, p. 383-395.

Riot-Sarcey M. [2012], « La révolution de 1848 », *in* Pigenet M. et Tartakowsky D. (dir.), *Histoire des mouvements sociaux en France de 1814 à nos jours*, La Découverte, Paris.

Riot-Sarcey M. et Moatti C. (dir.) [2018], *Pourquoi se référer au passé ?*, Éditions de l'Atelier, Ivry-sur-Seine.

Rivière F. [2019], « Les harelles de Rouen entre mécontentement social et revendications politiques », *in* SHMESP, *Contester au Moyen Âge. De la désobéissance à la révolte. XLIX*e *Congrès de la SHMESP (Rennes, 2018)*, Éditions de la Sorbonne, Paris.

Robert J.-L. et Tartakowsky D. (dir.) [2000], *Paris le Peuple, XVIII*e*-XX*e *siècle*, Éditions de la Sorbonne, Paris.

Robert V. [2012], « Mutation du travail et naissance du mouvement ouvrier », *in* Pigenet M. et Tartakowsky D. (dir.), *Histoire des mouvements sociaux en France de 1814 à nos jours*, La Découverte, Paris.

Rocard M. [1959], *Rapport sur les camps de regroupement*, Mille et une nuits, Paris, 2003.

Roche D. [1981], *Le Peuple de Paris*, Aubier, Paris.

Rolland D. [2005], *La Grève des tranchées. Les mutins de 1917*, Imago, Paris.

Rosanvallon P. [2006], *La Contre-Démocratie. La politique à l'âge de la défiance*, Seuil, Paris.

— [2019], « Accroître le "pouvoir de vivre" », *in* Confavreux J. (dir.), *Le fond de l'air est jaune*, Seuil, Paris.

Rouch J.-L. [1984], *Prolétaire en veston. Une approche de Maurice Dommanget*, Les Monédières, Limoges.

Rougerie J. [1988], *La Commune de 1871*, PUF, « Que sais-je ? », Paris, 2014, 5e édition.

— [2000], « Le peuple de 1870/71 », *in* Robert J.-L. et Tartakowsky D. (dir.), *Paris le Peuple XVIII*e*-XX*e *siècle*, Éditions de la Sorbonne, Paris.

Rougerie J. et Tombs R. [2012], « La Commune de Paris », *in* Pigenet M. et Tartakowsky D. (dir.), *Histoire des mouvements sociaux en France de 1814 à nos jours*, La Découverte, Paris.

Roullaud E. [2017], *Contester l'Europe agricole. La Confédération paysanne à l'épreuve de la PAC*, PUL, Lyon.

Rude F. [1982], *Les Révoltes des Canuts (1831-1834)*, La Découverte, Paris, 2007.

Rudé G. [1982], *La Foule dans la Révolution française*, Maspero, Paris.

Ruscio A. [2015], *Nostalgérie. L'interminable histoire de l'OAS*, La Découverte, Paris.

Sahlins P. [1994], *The War of the Demoiselles in Nineteenth-Century France*, Harvard University Press. Cambridge.

Schmidt N. [2005], *L'Abolition de l'esclavage. Cinq siècles de combats (XVI*e*-XX*e *siècle)*, Fayard, Paris.

Schneider J. [1985], « Libertés, franchises, communes : les origines. Aspects d'une mutation », *Les Origines des libertés urbaines, Actes des congrès de la Société des historiens médiévistes de l'enseignement supérieur public*, 16e congrès, Rouen.

Seferia S. [2010], « Sur les sentiers de la colère : l'espace-temps d'une révolte (Athènes, décembre 2008) », *Actuel Marx*, n° 48, p. 152-165.

Serna P. [2019], *Que demande le peuple ? Les cahiers de doléances de 1789*, Textuel, Paris.

Sewell W. H. [1980], *Gens de métier et révolutions. Le langage du travail de l'Ancien Régime à 1848*, Aubier, Paris, 1983.

— [1981], « La confraternité des prolétaires : conscience de classe sous la Monarchie de Juillet », *Annales ESC*, n° 36-4, p. 650-671.

SHMESP (Société des historiens médiévistes de l'enseignement supérieur public) [2019], *Contester au Moyen Âge. De la désobéissance à la révolte. XLIXe Congrès de la SHMESP (Rennes, 2018)*, Éditions de la Sorbonne, Paris.

Shorter E. et Tilly C. [1973], « Les vagues de grèves en France (1890-1968) », *Annales ESC*, n° 28-4, p 857-887.

Simon G. [2010], *Plogoff. L'apprentissage de la mobilisation sociale*, PUR, Rennes.

Sirot S. [2002], *La Grève en France. Une histoire sociale*, Odile Jacob, Paris.

Soboul A. [1958], *Les Sans-Culottes parisiens en l'an II. Mouvement populaire et gouvernement révolutionnaire : 2 juin 1793-9 thermidor an II*, Éditions Librairie Clavreuil, Paris.

Souillac R. [2007], *Le Mouvement Poujade. De la défense professionnelle au populisme nationaliste (1953-1962)*, Presses de Sciences Po, Paris.

Soulet J.-F. [2013], « Brigandage et dissidence dans les Pyrénées (première moitié du xixe siècle) », *in* Sottocasa V. (dir.), *Les Brigands. Criminalité et protestation politique (1750-1850)*, PUR, Rennes

Souriac P.-J. [2009], *Une guerre civile. Affrontements politiques et religieux en Midi toulousain (1562-1596)*, Champ Vallon, Seyssel.

Spina R. [2017], *Histoire du STO*, Perrin, Paris.

Stella A. [1993], *La Révolte des Ciompi. Les hommes, les lieux, le travail*, Éditions de l'EHESS, Paris.

— [2019], « Une révolte sociale exemplaire dans l'Occident latin : la révolte des *Ciompi* (Florence, 1378) », *in* Mazel F., Stella A. et Tixier du Mesnil E., *Contester au Moyen Âge*, Éditions de la Sorbonne, Paris.

Sternhell Z. [1978], *La Droite révolutionnaire, 1885-1914. Les origines françaises du fascisme*, Seuil, Paris.

Stora B. (dir.) [2016], *Rapport de la commission d'information et de recherche historique sur les événements de décembre 1959 en Martinique, de décembre 1962 et de mai 1967 en Guadeloupe*, https://lc.cx/wKak.

Subra P. [2016], *Géopolitique locale. Territoires, acteurs, conflits*, Armand Colin, Paris.

Surdel A.-J. et Sérouville V. de [2018], *La Croisade du duc de Lorraine contre les paysans révoltés d'Alsace, 1525*, La Nuée bleue, Strasbourg.

Tackett T. [2004], « La grande peur et le complot aristocratique sous la Révolution française », *AHRF*, n° 335.

Tarrow S. et Tilly C. [2008], *Politique(s) du conflit. De la grève à la révolution*, Presses de Sciences Po, Paris.

Tartakowsky D. [1989], « La manifestation comme mort de la révolte », *Révolte et société*, revue *Sources. Travaux historiques*, n° 15-18.

— [1997], *Les Manifestations de rue en France, 1918-1968*, Publications de la Sorbonne, Paris.

— (dir.) [2011], *Paris Manif'. Les manifestations de rue à Paris de 1880 à nos jours*, PUR, Rennes.
— [2014], *Les Droites et la rue*, La Découverte, Paris.
— [2018], « Interview par Mathieu Dejean », *Les Inrocks*, 29 novembre.
Les Temps modernes [2011], *Guadeloupe-Martinique, janvier-mars 2009 : la révolte méprisée*, n° 662-663.
— [2016], *Nuit debout et notre monde*, n° 691.
TERRAL P.-M. [2017], *Larzac terre de lutte. Une contestation devenue référence*, Privat, Toulouse.
THÉNAULT S. [2007], « L'état d'urgence (1955-2005). De l'Algérie coloniale à la France contemporaine : destin d'une loi », *Le Mouvement social*, n° 218, p. 63-78.
— [2012], *Violence ordinaire dans l'Algérie coloniale. Camps, internements, assignations à résidence*, Odile Jacob, Paris.,
THÉSÉE F. [1993], « La révolte des esclaves du Carbet en Martinique (octobre-novembre 1822) », *Outre-Mers. Revue d'histoire*, n° 301, p. 551-584.
THIERCÉ A. [2001], « Révoltes de lycéens, révoltes d'adolescents au XIXe siècle », *Histoire de l'éducation*, n° 89, p. 95-120.
THOMAS L.-J. [1930], « La sédition du 8 septembre 1381 à Béziers et la légende de Bernard Pourquier », *Bulletin de la Société archéologique de Béziers*, 3e série, vol. XVI, p. 5-40.
THOMPSON E. P. [1971], « The moral economy of the English crowd in the eighteenth century », *Past and Present*, n° 50. En français, ainsi qu'une poursuite de la discussion, « L'économie morale revisitée », *in* THOMPSON E. P. [1991], *Les Usages de la coutume. Traditions et résistances populaires en Angleterre, XVIIe-XIXe siècle*, Éditions de l'EHESS/Gallimard/Seuil, Paris, 2015.
— [1991], *Les Usages de la coutume. Traditions et résistances populaires en Angleterre, XVIIe-XIXe siècle*, Éditions de l'EHESS/Gallimard/Seuil, Paris, 2015.
TILLY C. [1970], *La Vendée, révolution et contre-révolution*, Fayard, Paris.
— [1986], *La France conteste. De 1600 à nos jours*, Fayard, Paris.
TILLY L. A. [1972], « La révolte frumentaire, forme de conflit politique en France », *Annales ESC*, n° 27-3, p. 731-757.
TJIBAOU J.-M. [1996], *La Présence canaque*, Odile Jacob, Paris.
TOMBS R. [2014], *Paris, bivouac des révolutions. La Commune de 1871*, Libertalia, Montreuil.
TOURAINE A., DUBET F., HEDEGUS Z. et WIEVIORKA M. [1978], *Lutte étudiante*, Seuil, Paris.
— [1980], *La Prophétie antinucléaire*, Seuil, Paris.
— [1981], *Le Pays contre l'État, luttes occitanes*, Seuil, Paris.
TRAUGOTT M. [2010], *The Insurgent Barricade*, University of California Press, Berkekey.
TREMPÉ R. [1971], *Les Mineurs de Carmaux (1848-1914)*, Éditions ouvrières, Paris.
TRISTRAM F. [2012], « Combat d'arrière-garde ou mouvement social précurseur ? Le poujadisme à la croisée des analyses », *in* PIGENET M. et TARTAKOWSKY D. (dir.), *Histoire des mouvements*

sociaux en France de 1814 à nos jours, La Découverte, Paris.

Vendeplas B. [2002], « Le problème de la conscription dans la première moitié du xixe siècle : un refus de l'identité nationale ? L'exemple cantalien », *Annales historiques de la Révolution française*, n° 329, p. 17-40.

Verdon L. [2009], « Contester les droits seigneuriaux en justice. L'exemple de la région arlésienne entre xiie et xiiie siècle », *in* Brunel G. et Brunet S. (dir.), *Haro sur le seigneur ! Les luttes anti-seigneuriales dans l'Europe médiévale et moderne*, Presses universitaires du Mirail, Toulouse.

Vergnon G. [2009], « Le fascisme ne passera pas », *L'Antifascisme en France de Mussolini à Le Pen*, PUR, Rennes, chapitre 2.

Vigier P. [1982], *La Vie quotidienne en province et à Paris pendant les journées de 1848*, Hachette, Paris.

Vigna X. [2004], « Les ouvriers de Denain et de Longwy face aux licenciements (1978-1979) », *Vingtième Siècle*, n° 84, p. 129-137.

— [2007], *L'Insubordination ouvrière dans les années 68. Essai d'histoire politique des usines*, PUR, Rennes.

— [2008], « L'insubordination ouvrière dans l'après-68 », *in* Damamme D. *et al.*, *Mai-Juin 68*, Éditions de l'Atelier, Paris.

— [2016], « La violence dans les grèves ouvrières en France au xxe siècle », *in* Hatzfeld N., Pigenet M. et Vigna X. (dir.), *Travail*, Éditions universitaires de Dijon, Dijon.

Vindt G. [2006], *Les Hommes de l'aluminium (1921-1971)*, Éditions de l'Atelier, Paris.

— [2014], *Les Français en révolte. Archives Roger Viollet de 1848 à nos jours*, Gründ, Paris.

— [2015], « Lyon 1539, le "grand tric" des imprimeurs », *Alternatives économiques*, n° 342.

Vovelle M. [1986], « Le sans-culotte marseillais », *Histoire et mesure*, vol. 1, n° 1, p. 75-95.

— [2000], « Le peuple de Paris en révolution », *in* Robert J.-L. et Tartakowsky D. (dir.), *Paris le Peuple, xviiie-xxe siècle*, Éditions de la Sorbonne, Paris.

Wahnich S. [2019], « Sans-culottes et Gilets jaunes », *in* Confavreux J. (dir.), *Le fond de l'air est jaune*, Seuil, Paris.

Wallon D. [2016], *Combats étudiants pour l'indépendance de l'Algérie*, L'Harmattan, Paris.

Waquet S. [2000], « Clamecy et la résistance au coup d'État du 2 décembre 1851 », *Bulletin de l'Association 1851-2001*, n° 8.

Willemont J. [1968], *La Reprise du travail aux usines Wonder*, IDHEC, Paris (film de 10 mn).

Wolff P. [1947], « Les luttes sociales dans les villes du Midi français », *Annales ECS*, n° 2-4, p. 443-454.

Wolikow S. [2004], « Les gauches, l'antifascisme et le pacifisme pendant les années 30 », *in* Becker J.-J. et Candar G. (dir.), *Histoire des gauches en France*, vol. II, La Découverte, Paris.

Zancarini-Fournel M. [2003], « Histoire du MLAC (1973-1975) », *Clio*, n° 18, *Histoire, femmes et société*, p. 241-252.

— [2016], *Les Luttes et les rêves. Une histoire populaire de la France de 1685 à nos jours*, Zones, Paris.

Zemon Davis N. [1979], *Les Cultures du peuple. Rituels, savoirs et résistances au xvie siècle*, Aubier-Montaigne, Paris.

Zinn H. [1980-2005], *Une histoire populaire des États-Unis de 1492 à nos jours*, Agone, Marseille, 2002.

Table des matières

Collection

R E P È R E S

Créée par Michel Freyssenet et Olivier Pastré (en 1983).

Dirigée par Jean-Paul Piriou (1987-2004), puis par Pascal Combemale,

avec Serge Audier, Stéphane Beaud, André Cartapanis, Jean-Paul Deléage, Françoise Dreyfus, Yannick L'Horty, Dominique Merllié, Philippe Riutort, Cédric Tellenne et Franck-Dominique Vivien.

Coordination et réalisation éditoriale : Marieke Joly.

Le catalogue complet de la collection *REPÈRES* est disponible sur notre site :

www.collectionreperes.com

Composition Facompo, Lisieux (Calvados).
Achevé d'imprimer en avril 2021 sur les presses de
La Nouvelle Imprimerie Laballery à Clamecy (Nièvre).
Dépôt légal : avril 2021
N° de dossier : 103636

Imprimé en France